# OBRA JURÍDICA

Dados Internacionais de Catalogação na Publicação (CIP)
(Câmara Brasileira do Livro, SP, Brasil)

Aristóteles.
   Obra jurídica / Aristóteles; tradução Carlos Rodrigues. –
São Paulo: Ícone Editora, 1997.

ISBN 85-274-0433-8

1. Direito – Filosofia I. Título.

97-0266                                                    CDU-340.12

Índices para catálogo sistemático:

1. Direito: Filosofia                                       340.12
2. Filosofia jurídica                                       340.12

# ARISTÓTELES

# OBRA JURÍDICA

## 2ª EDIÇÃO

Tradução:
Dr. Carlos E. Rodrigues

cone
editora

© Copyright 2005.
Ícone Editora Ltda.

**Coleção Fundamentos do Direito**

**Coordenação Técnica**
Carlos E. Rodrigues
Márcio Pugliesi

**Diagramação**
Julia A. C. F. Cruz

**Revisão**
Jonas Medeiros Negalha

Proibida a reprodução total ou parcial desta obra,
de qualquer forma ou meio eletrônico, mecânico,
inclusive através de processos xerográficos,
sem permissão expressa do editor
(Lei nº 9.610/98).

Todos os direitos reservados pela
**ÍCONE EDITORA LTDA.**
Rua Lopes de Oliveira, 138 – Barra Funda
CEP 01152-010 – São Paulo – SP
Tel./Fax.: (11) 3666-3095
www.iconelivraria.com.br
e-mail: iconevendas@yahoo.com.br
editora@editoraicone.com.br

# ÍNDICE

- Prefácio .................................................................. 07
- Livro I. Da Justiça ..................................................... 11
- Livro II. Da Amizade e da Justiça ........................... 43
- Livro III. Do Discurso e do Discurso Jurídico .......... 69
- Livro IV. Da Prudência ............................................ 101

# PREFÁCIO

Na era da tecnologia, onde as máquinas não param de ganhar espaço, o homem fica perplexo diante do computador e seus "milagres", a palavra *filosofia* fica cada vez mais distante do homem do mundo contemporâneo, mesmo daquele que é considerado intelectual.

Nossos ídolos são frágeis como as modas e só assumem essa condição quando se insurgem contra um modelo de comportamento unânime, de fato, hoje, só se aplaude o anti-herói.

Os cursos de licenciatura em filosofia, para a maior parte das pessoas, mais parecem um resquício de um passado muito distante. Algo aparentemente afastado da realidade industrial, social e econômica da nossa sociedade. Assim, Aristóteles, para os intelectuais, ou não, parece ser alguém da história ultrapassada, por conseguinte, as nossas raízes vão se perdendo em profundo esquecimento. Se o estudo da filosofia fica restrito a uma minoria, o conhecimento da filosofia de Aristóteles só é encontrado em um grupo menor ainda, pois se tem valorizado, nesses grupos, mais a história da filosofia, do que a própria.

Todavia, Aristóteles é um filósofo que sempre se manteve atual, sob todos aspectos, principalmente, para o mundo do Direito, que é o que interessa, perante essa obra. Evidentemente, este mundo é vasto e abrange profissionais dos mais diversos interesses, até que conflitam entre si. Poucos realmente têm algum interesse em Aristóteles, muitos talvez por desconhecerem a importância da sua filosofia, outros porque esses conhecimentos se chocariam com seus interesses e sua forma de agir.

O afastamento do Direito da filosofia ocorreu face à influência das várias escolas, onde a física, a química, a psicologia e as ciências sociais passaram a direcionar o Direito. Na realidade, o Direito passa para um segundo plano, pois, ora querem que a matemática o conduza, ora a psicologia ou a sociologia determinem a cansa da sua transformação.

A complexidade das relações entre as pessoas tem crescido de tal forma que, hoje, se exige do profissional do Direito mais conhecimentos práticos do que teóricos. A jurisprudência é extremamente valorizada, tanto entre magistrados, promotores, quanto entre advogados, mesmo que contrariem o texto da lei ou os princípios do Direito. A Jurisprudência encontra seu apogeu, infelizmente, nem sempre pelos fundamentos da decisão, mas só pelo seu comando impositivo.

Dessa forma o Direito tem se distanciado sistematicamente de suas origens e consolidado uma posição de instrumento de opressão dos mais fortes aos mais fracos. A perda da identidade do Direito auxilia a injustiça, as desigualdade, principalmente em benefício dos mais fragilizados pelas suas condições sociais.

A necessidade do estudo da filosofia pode ser deduzida das palavras do Prof. Miguel Reale, no seu livro Introdução à Filosofia: "A Filosofia, com efeito, procura sempre resposta a perguntas sucessivas, objetivando atingir, por vias diversas, certas verdades gerais, que põem a necessidade de outras: daí o impulso iniludível e nunca plenamente satisfeito de penetrar, de camada em camada, na órbita da realidade, *numa busca incessante da totalidade de sentido, na qual se situem o homem e o cosmos.* Ora, quando atingimos uma verdade que nos dá a razão de ser de todo o sistema particular de conhecimento, e verificamos a impossibilidade de reduzir tal verdade a outras verdades mais simples e subordinantes, segundo certa perspectiva, dizemos que atingimos um *princípio,* ou um *pressuposto.*

Quando se afirma que Filosofia é a ciência dos primeiros princípios, o que se quer dizer é que a Filosofia pretende elaborar uma redução conceitual progressiva, até atingir juízos com os quais se possa legitimar uma série de outros juízos integrados em um sistema de compreensão total. Assim, o sentido de *universalidade* revela-se inseparável da Filosofia".

Hoje, a necessidade de uma reflexão sobre os ensinamentos de Aristóteles é imperativa, porque poderá permitir que se resgate o Direito dos desvios a que as várias escolas conduziram. Quanto à atualidade o mestre nos ensina: A Filosofia não existiria se todos os filósofos culminassem em conclusões uniformes, idênticas. A Filosofia é, ao contrário, uma atividade perene do espírito ditada pelo desejo de renovar-se sempre a universalidade de certos problemas, embora, é claro, as diversas situações de lugar e de certos problemas, possam condicionar a Formulação diversa de antigas perguntas: o que distingue a Filosofia é que as perguntas formuladas por Platão ou Aristóteles, Descartes ou Kant, não perdem a sua atualidade, visto possuírem um significado universal, que ultrapassa os horizontes dos ciclos históricos. (*opus cit.*)

Nesta obra, Aristóteles nos ensina o que é Direito, trata Da Justiça, Da Amizade e da Justiça, Do Discurso e do Discurso Jurídico e Da Prudência.

Embora ele trate da Justiça mais como uma *parte da virtude,* neste sentido mais comum e restrito, "neste sentido, falamos de justo e injusto quando nos ocupamos não da conduta de um determinado indivíduo mas do modo como tratamos *classes* de indivíduos quando temos que distribuir entre eles ônus ou benefícios .... Justo e injusto são formas mais específicas de crítica moral do que são bom e mau ou moralmente bom e moralmente mau" (Hart, p. 154) Esse conceito distante do jurídico, pois ele identificava a Justiça, como "completa virtude e como excelência no verdadeiro sentido da palavra" (Ética, 1.130$^a$)

As questões tratadas por Aristóteles, ainda causam dúvidas, senão vejamos: "No caso de uma discrepância entre Justiça formal e Justiça substancial, surge a pergunta normativa sobre qual das duas deve prevalecer. Um juiz é moralmente obrigado a aplicar de forma justa leis injustas ou deve ser orientado por princípios de uma *lei superior? Os* cidadãos devem obedecer a todas as leis positivas ou tem, ao contrário, o direito moral, ou talvez o dever, de seguir a *verdadeira Justiça?"* ( Bobbio, Norberto, Dicionário de Política, Edit. UNB, Brasília, 1994).

Os grandes problemas do Direito podem ser encontrados em Aristóteles, as regras justas de um contrato, a formalidade da lei, os limites do direito, a culpa, a família e as amizades, a situação de quem comete injustiças e de quem as suporta, a prudência de quem julga e inúmeras questões estão tratadas em seus ensinamentos. Bobbio, na sua obra já citada, lembra que: "Algumas filosofias da Justiça destacaram características pessoais sobre as quais os indivíduos não possuem nenhuma possibilidade de controle, tanto no aspecto físico (sexo, idade, raça) como no aspecto social (posição, religião, riqueza por herança). Segundo este ponto de vista, é justo que aqueles que já se encontram em vantagem (por exemplo, os livres, os aristocratas e os ricos) recebam outros privilégios (posições de nível mais elevado, maiores direitos políticos, mais amplas oportunidades profissionais e educacionais), enquanto que os que estão em desvantagens (os escravos, os estrangeiros, os pobres, os pertencentes a uma raça "inferior" ou a uma fé "errada") deveriam suportar ônus ainda mais pesados (prestar serviços mais onerosos e pagar impostos mais elevados, por exemplo). Segundo o ponto de vista oposto, seria justo atribuir uma compensação para as desvantagens iniciais. Assim, o princípio "a cada um segundo as suas necessidades" exige que sejam atribuídos maiores benefícios e encargos menores aos necessitados (doentes, pobres e desocupados) ou, pelo menos, que ninguém possa dispor de bens supérfluos senão quando todos tiverem satisfeito suas necessidades fundamentais. Desta maneira, o salário mínimo, o seguro-desemprego, o salário-família, etc., são considerados princípios fundamentais da Justiça distributiva." Aristóteles trata destas questões utilizando a teleologia, transformando-se numa fonte inesgotável de sabedoria.

Pelo exposto, a leitura desta obra é indispensável para todos os estudantes e profissionais do direito e para aqueles que elaboram as leis e as executam.

*A Editora*

# LIVRO I

## *DA JUSTIÇA*
### (LIVRO V DE ÉTICAS A NICÔMACO)

Com relação à justiça e à injustiça, têm de ser examinadas as seguintes questões: a) com que ações estão relacionadas; b) que tipo de meio-termo é a justiça; c) referindo-se ao que é a justiça um intermediário. Adotaremos, neste exame, os trâmites seguidos em discussões anteriores.

É preciso notar, então, que o que geralmente se entende pela palavra justiça é esse estado do caráter que nos permite realizar as coisas íntegras, agir imparcialmente e desejar o que é justo. De igual modo para a injustiça, que se define pelo estado que nos faz agir injustamente e desejar o que é injusto.

Sendo essa a opinião corrente, optemos também por essas definições, como ponto de partida.

Precisamos distinguir, na realidade, o caso das ciências e das forças por um lado e, por outro, o caso dos estados habituais. Admite-se, geralmente, que uma mesma força e uma mesma ciência podem ser aplicadas a objetivos opostos; um estado habitual, ao contrário, não produz os efeitos que lhe são opostos. Por exemplo: podemos dizer que a saúde não habilita à realização de ações contrárias à saúde, mas somente às reações de saúde. De fato, dizemos, que alguém caminha saudavelmente, quando o faz como um indivíduo sadio.

Dito isto, podemos deduzir que, em muitos casos, um estado é reconhecido a partir do seu contrário, e também, numerosas vezes os estados são reconhecidos nos objetivos em que se realizam. Pode-se saber, claramente, qual é a forma exata? Vê-se, não menos claramente, a forma incorreta. Por outro lado, pode-se inferir de pessoas saudáveis o que constitui a boa forma e, a partir daí, quais são os demais indivíduos em boa forma.

Suponhamos que se entenda por boa forma a solidez das carnes. Disso resulta, necessariamente, que a má forma reside

na moleza das carnes. Assim, o remédio que produz a boa forma, é aquele que fortalece os músculos.
Daí se conclui que, na maioria das vezes, se um dos grupos de termos pode ser empregado em vários sentidos, os termos opostos também podem ser empregados com significados diversos. Por exemplo: se a noção de justo revestir-se de vários significados, o mesmo acontecerá com o sentido de injusto.

I

Pois bem, tudo acontece como se o termo *"injustiça"* fosse tomado em muitos sentidos, embora a proximidade dos significados dissimule a ambigüidade da palavra. O equívoco parece relativamente claro, ao contrário, quando o termo designa duas coisas afastadas uma da outra, como, por exemplo – e, neste exemplo, há uma grande diferença entre as coisas significadas, que se manifesta na forma exterior – o uso equívoco da palavra *"chave"* para designar o osso do pescoço nos seres humanos e o instrumento que serve para fechar portas.

Procuremos, então, como ponto de partida do nosso estudo, quais os sentidos em que se fala do "homem injusto".

Todos concordam que "homem injusto" é o que viola a lei e, também, o cúpido. Conseqüentemente, é evidente que o homem justo é o que respeita a lei e, também, o que salvaguarda a eqüidade.

Pode-se, então, concluir que a noção de justo corresponde às noções de legal e igual, e a noção de injustiça às de ilegalidade e desigualdade.

Se o homem injusto é um avaro que se apodera duma parte superior à que lhe pertence, será, por muitas razões, injusto. Contudo, não em relação a quaisquer bens, mas apenas relativamente aos que dependem da boa ou má fortuna.

Esses bens, considerados absolutamente, em si mesmos, são sempre bens, mas não o são sempre para um determinado indivíduo – ora, são bens que as pessoas pedem nas suas orações e que procuram nas suas ações. Não é aconselhável agir assim; é preciso, em primeiro lugar, orar para que o que é bem em si o seja também para nós, depois do que é preciso escolher o que é um bem para nós.

Portanto, o homem injusto não se apodera sempre da maior parte – se se trata de coisas que por natureza são más, ele escolhe a menor parte. Mas, como o mal menor, reconhecido unanimemente, é duma certa maneira um bem, e porque é com relação a ele que se exerce a avidez, aquele que escolheu para si mesmo o menor mal é sempre considerado um cúpido.

Nós o chamamos desigual: este termo é mais abrangente e abarca os dois casos.

Vimos que aquele que desobedece à lei é injusto, assim como o que a respeita é justo. Logo, é evidente que todas as coisas legais são justas, em um dos dois sentidos do termo. É, de fato, o que está definido pela legislação como coisa legal, e, de cada uma das coisas assim definidas, nós afirmamos que ela é justa.

As leis determinam todas as coisas visando o bem comum, seja de todos os membros da cidade, seja o dos seus personagens mais destacados – sendo estes últimos definidos quer em função do seu valor, quer em função de qualquer outro critério do gênero.

Chamamos de justo também no primeiro sentido aquele que produz e conserva a felicidade para si e para a comunidade política.

O que a lei nos prescreve é cumprir as obras dos corajosos (como, por exemplo, não abandonar o seu posto, não fugir nem depor as armas); as do moderado (por exemplo, não cometer adultério nem violação); as do pacífico (tais como não agredir nem proferir palavras ofensivas); e ainda no respeitante a outras virtudes e outros vícios, ela ordena aquelas e proíbe estes. E esta função será bem cumprida se tiver sido corretamente aplicada, e mal, se foi sabotada.

A justiça, então, no sentido em que a encaramos atualmente, é a virtude perfeita, sem dúvida não pura e simplesmente, mas com precisão – contudo com relação a outrem. Por isso, muitas vezes, aos olhos do povo a maior das virtudes é a justiça. Assim: "Nem o astro da manhã nem a estrela noturna" brilham com tamanha claridade. E dizemos também, com o provérbio: "Na justiça toda a virtude se encontra resumida."

A justiça é virtude perfeita porque é colocada à prova perfeita da virtude. E é perfeita no mais forte sentido do termo, porque aquele que a possui, pode usá-la para com os outros, em lugar de a utilizar exclusivamente em seu benefício. Porque há pessoas que sabem usar a virtude, quando se trata dos seus próprios interesses, mas são incapazes de utilizá-la em benefício dos outros.

Assim se confirmam as palavras de Bias: "O cargo demonstrará com que homem se tem negócio." Porque aquele que exerce um cargo se relaciona, subitamente, com outrem e entra em comunhão com ele.

É ainda por esta razão – por saber que ela se exerce relativamente a outrem – que, na opinião corrente, a justiça, a única de todas as virtudes, é considerada como "um bem pertencente a outrem". Ela realiza, na realidade, o que é útil ao outro, quer seja um superior ou um companheiro no seio da comunidade.

Por isso, o pior dos homens é o que atua maliciosamente com relação a si mesmo e ao seu próximo. E o melhor, não é o que alardeia as suas próprias virtudes, mas o que mostra as do seu próximo, porque essa é uma tarefa difícil.

A justiça, no sentido em que a definimos, não é uma parte da virtude, mas, antes, a virtude em toda a sua integridade. Assim como a injustiça, que se opõe a isso, não é uma parte do vício, mas o vício na sua plenitude.

Em que se distinguem, então, a virtude e a justiça, assim compreendidas? Isso nos parece evidente, depois do que dissemos: são concretamente idênticas, mas a sua essência não é a mesma. Se se encara o fato de que há relação com outrem, há justiça; se se verifica que é um estado de caráter, pura e simplesmente, há virtude.

Ora, o que pesquisamos, pelo menos, é a justiça, que constitui uma virtude particular, porque, acreditamos, existe uma justiça desse gênero. De igual modo, a nossa pesquisa assenta sobre a injustiça, que é uma parte do vício.

As seguintes considerações confirmam que esta justiça existe:

O que origina os outros vícios – tais como, o do indivíduo que atira ao solo o seu escudo por covardia; o daquele que, por mau caráter, diz palavras ofensivas; ou, ainda, daquele que, por avareza, se recusa a prestar um socorro financeiro – age injustamente, sem dúvida, mas, contudo, não toma a maior parte por avidez.

Ao contrário, quando se apanha a maior parte acontece freqüentemente que não se está possuído por algum desses vícios; nem tampouco se incide obrigatoriamente em todos os vícios simultaneamente. É preciso que se esteja submetido a uma influência maléfica qualquer – visto que se é censurado – isto é, que se está agindo por injustiça.

Há, portanto, uma outra forma da injustiça, que é parte da injustiça integral, e uma forma de injusto, que consiste numa parte do injusto integral, isto é, do injusto oposto à lei.

Outro indício: supondo que duas pessoas cometam adultério. A primeira pratica-o por interesse, cobrando por isso; a outra, por avidez, desembolsando e pagando. Reconhecer-se-á unanimemente que este é imoderado, mais do que cúpido, enquanto que o primeiro é injusto, sem dúvida, mas não imoderado. Neste caso, é evidente que, se se é injusto, é por amor ao lucro.

Em resumo, todos os outros atos injustos, sem exceção, podem estar associados a uma ou outra forma de maldade: cometeu-se um adultério? É por intemperança. Abandonou-se um companheiro de combate? É por covardia. Agrediu-se alguém? É por ódio. Se, ao contrário, se procurou obter um benefício, o ato injusto não pode ser atribuído a um ato de maldade, mas à injustiça.

Também é evidente que existe um outro tipo de injustiça, além da universal: a injustiça particular.

Esta última tem o mesmo nome, porque é definida de forma idêntica: uma e outra são praticadas, essencialmente, nas relações com o próximo. Mas, enquanto a injustiça particular tem por fim as honrarias, a riqueza, a segurança pessoal – ou, resumindo, o que inclui todos os seus bens, sendo o motivo determinante o prazer do ganho – a injustiça, no sentido geral, tem por fim tudo o que constitui o poder do homem de bem.

Vimos então, claramente, que há várias espécies de justiça – ou, em outras palavras, que além da virtude integral existe uma outra justiça, diferente da primeira.

Qual é esta justiça e o que a caracteriza, é o que passaremos a expor.

Distinguimos, então, dois sentidos da palavra "injusto": o "ilegal" e o "desigual"; e dois sentidos da palavra "justo": o "legal" e o "igual". Ao ilegal corresponde a injustiça, da qual falamos mais amplamente. Mas o desigual e o ilegal não são idênticos; na verdade, opõem-se como a parte se opõe ao todo – porque tudo o que é desigual é ilegal, enquanto que o ilegal não é, necessariamente, desigual. Daí resulta que os diversos tipos de injusto e de injustiça não são idênticos, mas diferem bem mais entre si, um desempenhando o papel da parte e o outro, o do todo.

A injustiça particular é uma parte da injustiça global, da mesma maneira que a justiça particular, por seu lado, é uma parte da justiça global. Por conseqüência, temos de falar de justiça e injustiça particulares, assim como das noções de justo e injusto, que lhe correspondem.

*[Novo resumo]*

Assim, portanto, a justiça corresponde à virtude global e a injustiça se lhe opõe. A primeira é a realização da virtude total, com relação a outrem; a segunda, a realização do vício. Mas coloquemos isso de lado. Igualmente se vê como é preciso determinar as noções de justo e injusto que correspondem a esta espécie de justiça e injustiça. Porque, na realidade, a grande maioria dos atos conformes às leis não são senão os que derivam da virtude total; a lei não nos impõe conciliar a nossa vida virtuosamente e não nos proíbe os vícios? Por outro lado, as coisas capazes de produzir a virtude total são todo um corpo de prescrições legais, criadas pelo fundador da sua organização, visando a educação, que nos prepara para a vida em sociedade.

Com relação à educação privada – que visa fazer o homem de bem, pura e simplesmente –, deixamos para mais tarde o cuidado de determinar se depende da política ou de outra ciência. A questão impõe-se, porque é possível que não seja sempre a mesma coisa, o ser homem de bem e o ser cidadão.

*[Fim do resumo]*

No que se refere à justiça particular e à noção correspondente de justo, podem-se distinguir duas espécies: a primeira é exercida nas distribuições de honrarias, dinheiro, ou de tudo o que possa ser dividido entre os membros da comunidade política (aqui, realmente, um pode ter, com relação a outro, tanto uma parte desigual como uma igual);

A segunda espécie é a que estabelece a ordem nas relações entre os indivíduos.

Esta divide-se, por sua vez, em duas espécies – pelo fato de se poderem estabelecer relações entre indivíduos que atuem de comum acordo, ou, ao contrário, um em oposição aos outros.

As relações estabelecidas harmoniosamente são, por exemplo: venda, compra, a preparação para o consumo, caução, a preparação para o uso, depósito e a locação. Diz-se que se estabelecem de comum acordo, porque têm por origem um movimento espontâneo.

As relações forçadas podem ser assim definidas: bens clandestinos, roubo, adultério, envenenamento, proxenetismo, rapto de escravos, homicídio, falso testemunho, ou ainda atos de violência, tais como agressões, seqüestro, assassinato, ataque à mão armada, mutilação, difamação, ultraje.

Se o homem injusto é desigual e se, por outro lado, a noção de injusto corresponde à de desigual, é óbvio que existe também um certo meio-termo com relação ao desigual, que é precisamente o igual; porque em toda ação, onde há o mais e o menos, há também o igual.

Por conseguinte, se há correspondência entre as noções de injusto e desigual, existem também as noções de justo e de igual. É justamente o que comumente se aceita, sem se recorrer a prévia argumentação.

Mas se, por outro motivo, a noção de igual implica a de meio-termo, o justo deve ter, ele também, um certo meio-termo.

A noção de igual não pode realizar-se sem que haja, pelo menos, dois termos. Mas é preciso – e quanto a isso não há dúvidas – que o justo seja simultaneamente meio-termo e igual, por um lado, e por outro, relativo, isto é, justo para certos indivíduos.

Porque ele é meio-termo, está localizado entre certas coisas (que representam o mais ou o menos), e, na qualidade igual, tal implica duas coisas.

Visto que é justo, sob outro aspecto, admite certas pessoas.

O justo requer assim, necessariamente, pelo menos, quatro elementos, porque as pessoas com relação às quais o justo é

19

justo são em número de duas, e as coisas nas quais o justo se concretiza (os objetos distribuídos) são também em número de dois.

Além disso, é necessário que a mesma igualdade seja realizada, de um lado, entre as pessoas, e os objetos, pelo outro. Em outras palavras, a relação que existe entre as primeiras deve encontrar-se entre os segundos: se os indivíduos não são iguais, não receberão partes iguais. Daí resultam as questões e as recriminações, isto é, partes desiguais, ou quando indivíduos que não são iguais recebem partes iguais.

Que esta proporção deva existir, é o que também resulta do princípio da distribuição, com relação ao mérito. Todos concordam que, na verdade, nas distribuições, a noção de justo deve ser definida em função de um determinado mérito, mesmo que nem todos classifiquem igualmente esse mérito – para os membros de uma democracia, é a condição livre; para os de uma oligarquia, é a riqueza (ou, para outros, o bom nascimento); para os aristocráticos, é a virtude.

Chegamos à conclusão que a justiça realiza um certo tipo de proporção. Raciocínio legítimo, porque o fato de ser proporcional não é uma característica própria do número abstrato, mas uma propriedade numérica geral.

A proporção é uma igualdade de razões, ou uma relação entre grandezas da mesma espécie, que não requer menos de quatro termos. É evidente que a proporcionalidade comporta quatro termos, mas há ainda uma proporcionalidade contínua, em que dois termos são iguais, aparecendo duas vezes. Exemplo: o comprimento $A$ está para o comprimento $B$, assim como o $B$ está para o $C$. O comprimento, como se vê, aparece duas vezes, de tal forma que, colocando-se duas vezes o $B$, obtêm-se os quatro termos proporcionais.

Assim, a noção de justo implica também quatro termos, pelo menos, e a relação é a mesma em cada grupo de dois termos. De fato, representando os comprimentos pessoas, as partes são divididas de maneira semelhante. Por conseguinte, o termo $A$ está para o termo $B$, assim como o $C$ está para o $D$. Invertendo, obtém-se: $A$ está para $C$ assim como $B$ está para $D$ e, em conseqüência, a soma $A+C$ e a $B+D$ estão ainda na mesma razão.

Mas é exatamente esta soma que gera a distribuição, e a combinação é justa se os termos estiverem dessa forma agrupados. Portanto, o agrupamento do termo *A* com o *C* e do termo *B* com o *D* é que representa o justo na distribuição. E o justo assim entendido é um meio com relação aos extremos, que prejudicam a proporção (o proporcional é de fato meio; e o justo, por outro lado, é proporcional).
É a esse tipo de proporção, que os matemáticos dão o nome de proporção geométrica, na qual, lembremo-nos, a soma do primeiro e do terceiro termos está para a soma do segundo e do quarto, assim como um termo de uma das razões está para o outro termo.
A proporção que caracteriza a justiça distributiva não é uma proporção contínua. Não se pode, de fato, representar numericamente um termo para designar a pessoa que recebe e a parte que é distribuída.
Tudo isto nos possibilita concluir que o justo – no sentido em que aqui o entendemos – é o proporcional, e que o injusto, ao contrário, é o que nega a proporção. Na injustiça, um dos termos torna-se, então, muito grande e o outro, muito pequeno. De fato, é assim que ocorre: se se trata de algo bom, o que comete a injustiça possui uma parte muito maior e o que a sofre, uma parte bem menor. Inversamente, se se trata de um prejuízo (comparado a um mal maior, o menor toma o lugar do anteriormente beneficiado, porque escolhe o menor mal de preferência ao maior; ora, o que é digno de escolha é o benefício, e é um benefício tanto maior quanto é mais digno de escolha).
Neste ponto, terminamos a análise da primeira espécie de justiça.
Resta uma segunda espécie, a justiça corretiva, que encontra lugar nas relações mútuas, que se realizam em pleno acordo ou contra a vontade de uma das partes.
Este tipo de justiça é uma espécie diferente daquela que acabamos de falar. De fato, o justo, que preside à distribuição dos bens comuns, está sempre conforme à proporção acima mencionada – porque ao supor mesmo que a distribuição se refere aos benefícios de uma sociedade comercial, far-se-á ainda segundo a proporção dos capitais envolvidos – e o injusto, oposto a este tipo de justo, é o que viola a proporção.

21

Ao contrário, nas relações entre indivíduos, o justo é, sem dúvida, um certo tipo de igual, e o injusto, um certo tipo de desigual. Mas, em lugar de se determinar segundo a proporção que mencionamos, determina-se segundo a proporção aritmética. Pouco importa, de fato, que seja um homem honesto que prejudicou um trapaceiro, ou este a fazê-lo àquele; que um adultério tenha sido cometido por um homem honesto, ou por um desonesto; a lei não distingue senão a natureza do dano. Ela trata as partes como iguais, e o que interessa é saber se este cometeu uma injustiça e se aquele a sofreu, se este causou um dano e aquele foi prejudicado.

É porque o injusto é aqui idêntico ao desigual que o juiz se esforça para restabelecer a igualdade. De fato, mesmo no caso em que determinada pessoa recebe uma ofensa que um outro pratica, ou em que alguém assassina outro, segue-se ainda da ação praticada por um e sofrida por outro uma divisão desigual; e o juiz tenta restabelecer a igualdade a favor do que perde e, para consegui-lo, retira alguma coisa do ganhador.

Como regra geral, pode-se falar, em casos semelhantes – mesmo se as palavras não podem ser aplicadas a todos em sentido próprio –, de ganho (por exemplo, para o que arruína) e de perda (para o que é prejudicado). Apenas quando o prejuízo foi apreciado é que o resultado da ação pode ser considerado perda, para um lado, e ganho, para o outro.

Dessa forma, o igual é intermediário entre o mais e o menos; o ganho e a perda, ao contrário, são ao mesmo tempo e em sentidos opostos mais e menos: mais bens e menos males, é um ganho; inversamente, menos bens e mais males, é uma perda. O igual que consideramos idêntico ao justo é, dizemos nós, o intermédio. Em conseqüência, o justo corretivo é o intermediário entre o perdedor e o ganhador.

*[Outra versão de 1132b 11-20]*

Esta terminologia de perda e ganho tem sua origem nas trocas feitas de comum acordo. De fato, possuir mais do que aquilo que nos pertence é o que se chama obter um lucro, enquanto possuir menos do que se tinha ao iniciar a operação é sofrer uma perda. Isto acontece na compra e venda e em todos os outros negócios nos quais a lei deixa aos indivíduos a possibilidade de decidir os termos da transação. Ao contrário, quando as partes não têm nem mais nem menos, mas exatamente o mesmo que possuíam ao começar, diz-se que cada um tem a sua parte, e que não se ganhou e nem se perdeu.

Por conseguinte, o justo, nas relações que não são estabelecidas de comum acordo, é o ponto médio entre o que se pode chamar de ganho e uma perda. Consiste em possuir, depois da transação, um bem igual ao que se possuía antes de realizar o negócio.

Por isso, quando surge uma questão, recorre-se ao juiz. Comparecer perante o juiz é situar-se diante da noção do justo, porque o ideal do juiz é ser a personificação do justo.

E, além disso, procura-se o juiz como um intermediário, fazendo alguns apelos a mediadores, mostrando assim que, conseguindo o intermediário, se acredita alcançar o justo. Pode-se, então, concluir que o justo é de alguma forma um intermédio, porque o próprio juiz é, realmente, um intermediário.

O juiz, portanto, restaura a legalidade. Fazendo-o, age como se, estando um dado comprimento dividido em partes desiguais, ele eliminasse à maior parte uma determinada porção. E, acrescentando-a ao menor, dividisse o comprimento em duas metades. E é assim que se pode dizer que cada um tem a sua parte – isto é, quando se obteve uma parte igual a outra.

Por esta razão se emprega a palavra *dikaion* (justo): é o que significa *dika* (divisão em duas partes iguais); é como se se dissesse *dikaion*: pelo mesmo motivo o juiz (*dikastès*) é um divisor em metades (*dikastès*).

Assim, o igual é intermediário entre o maior e o menor, conforme a proporção aritmética.

Consideramos dois comprimentos iguais. Se se retira ao primeiro um segmento que se acrescenta ao segundo, este ultrapassa o outro em duas vezes o comprimento deste segmento (o que se compreende facilmente porque, se se retira ao primeiro um segmento, sem acrescentá-lo ao segundo, a diferença entre os dois será igual a um só segmento). O segundo comprimento ultrapassa, então, a metade de um comprimento igual a um segmento, e esta metade, por sua vez, excede de um comprimento igual a um segmento, cuja medida se eliminou do comprimento do primeiro segmento dado.

Portanto, assim, saberemos, ao mesmo tempo, o que é preciso tirar daquele que tem muito e o que é necessário dar ao que não

23

tem o suficiente; àquele que tem menos, é preciso dar a quantidade cuja metade exceda a sua parte; àquele que tem a maior parte, devemos retirar a quantidade que excede essa metade. Sejam *AA*, *BB* e *CC* três comprimentos iguais entre si. Retiremos a *AA* o segmento *AE* e acrescentemos a *CC* o segmento *CD*, de tal maneira que o comprimento total *DCC* exceda *EA*, de um comprimento *CD+CZ*; segue-se que *DCC* ultrapassará em BB o comprimento *CD*.[1]

Para alguns parece ser natural que o recíproco, por si só, esgote pura e simplesmente a noção de justo, como afirmam os pitagóricos, que definem o justo, apenas pelo fato de este aceitar padecer idêntico sofrimento ao que se provocou ao outro.

Esta definição do justo pelo recíproco não se aplica nem ao justo distributivo nem ao justo corretivo, ainda que se deseje interpretar, em favor desta identificação, a justiça de Radamanto: "Que cada um se responzabilize pelo que faz, essa será a boa justiça."

Em muitos casos, de fato, o justo e o recíproco contradizem-se: por exemplo, se o agressor é o detentor de uma magistratura, não pode este ser agredido como resposta. Mas, se um magistrado foi agredido, o agressor deve não só ser também agredido, mas ainda ser punido.

Acrescentemos que é grande a diferença entre o que se faz de boa vontade e o que se faz mas contrariadamente.

Não é menos verdade que, nas associações de trocas, o que mantém a comunidade é este tipo de justo, o recíproco, entendido na verdade segundo a proporção e não em função de uma rigorosa igualdade. Porque o que faz subsistir a cidade é que cada um paga o equivalente ao que recebeu. Causamos

---

(1) Visualizando o exemplo, teremos:

A ——— A - AE     =    A ——— A
B ——— B          =    B ——— B
C ——— C + CZ     =    C ——— C — D

Obs.:
O recíproco seria.

A ——— A + CZ     =    A ——— A
B ——— B          =    B ——— B
C ——— C + CZ     =    C ——— C — D

um prejuízo? Procuremos corrigi-lo e, sendo impossível fazê-lo, sentir-nos-emos na mesma situação de um escravo. Trata-se de um bem? Se não for devolvido, não haverá mais troca – mas é esta que nos associa inabalavelmente uns aos outros.

Eis a razão pela qual se ergue um templo às Graças num lugar bem à vista: é para se aprender a agradecer os benefícios recebidos. É o reconhecimento pelas mercês; é preciso não somente retribuir a prova da bondade, mas ainda tomar a iniciativa de um gesto gracioso.

O que torna esta troca proporcional é a edição dos termos diametralmente opostos.

Tomemos um exemplo: seja $A$ um arquiteto, $B$ um sapateiro, $C$ uma casa e $D$ um par de sapatos. O problema é, então, este: o arquiteto deve receber do sapateiro o trabalho deste e dar-lhe, em troca, o seu próprio trabalho. Estabelecendo, primeiramente, a igualdade proporcional desses produtos diferentes e realizando em seguida a reciprocidade, obter-se-á o resultado acima indicado. De outro modo, a troca não será igual e a comunidade não subsistirá. Nada impede, na verdade, que o trabalho de um tenha mais valor e, nesse caso, é preciso restabelecer a igualdade.

Isto é válido, também, para as outras artes: elas pereceriam se o que o usuário consumisse não fosse, em quantidade e qualidade, o que o produtor produz.

Porque a sociedade não é constituída por dois médicos, mas, sim, de um médico e um agricultor – generalizando, pessoas diferentes, e não iguais; e é justamente a estas pessoas que é necessário conduzir à igualdade.

Desse modo, todos os bens que são objeto de troca devem ser passíveis de comparação, de uma maneira ou de outra.

Por esta razão, o dinheiro foi posto em circulação e se tornou, de algum modo, um meio-termo. Com efeito, ele mede todas as coisas, e também, por conseqüência, a diferença a maior ou a menor. Ele permite, assim, estabelecer quantos pares de sapatos são necessários para compor o equivalente a uma casa ou uma determinada quantidade de alimentos.

É preciso, então, que a relação existente entre um arquiteto e um sapateiro seja obtida entre tantos pares de sapatos e uma casa, senão, na verdade, não haverá troca e nem comunidade. Isso não poderá acontecer, a não ser que os produtos sejam iguais de uma certa forma.

*[2ª redação]*

Por isso, é preciso que todos os produtos possam ser mensurados por uma só unidade. Essa medida comum é, de fato, a necessidade que assegura a permanência em todas as comunidades. Supondo que não existisse necessidade alguma, ou que as necessidades não fossem idênticas, resultaria que a troca seria nula, ou efetuada de uma maneira diferente.

Mas, por convenção, o dinheiro se tornou o substituto dos produtos de consumo. Recebeu o nome de moeda (*nomisma*), justamente porque ele não existe na Natureza, mas por convenção (*nomos*), sendo possível mudar o seu valor, ou até retirá-lo de circulação.

Deverá haver, então, reciprocidade quando as mercadorias tiverem sido equiparadas, de maneira que a relação existente entre um camponês e um sapateiro se estabeleça entre os seus respectivos trabalhos (ou produtos).

Contudo, não é preciso estabelecer a proporção entre os termos uma vez efetuada a transação (senão um dos termos extremos teria vantagem duplicada), mas quando cada um possui ainda o que lhe pertence. Dessa maneira, as duas partes estão em igualdade e são capazes de formar uma associação, porque na sua situação a igualdade pode ser realizada. Por exemplo: seja $A$ um camponês, $C$ uma certa quantidade de comida, $B$ um sapateiro e $D$ o trabalho deste resumido à igualdade. Se não fosse possível efetuar dessa maneira a reciprocidade, não haveria nenhuma associação possível.

E a necessidade que, fornecendo de alguma maneira uma unidade comum, assegura a existência das associações. Isso é demonstrado pelo fato de que, se a necessidade recíproca desaparece – se ambas as partes, ou apenas uma, não forem necessárias – não há mais troca alguma. Igual é o caso de alguém querer obter aquilo que não possui – digamos, por exemplo, vinho – propondo, em troca, um benefício de exportação de trigo. Aqui se impõe conseguir a igualdade das necessidades.

É preciso pensar nas trocas futuras. Se, no momento, não se tem nenhuma dessas necessidades, pode vir o dia em que ela ocorra e a troca será possível. Por isso, é necessário que o dinheiro nos sirva de garantia, pois aquele que o utiliza deve receber aquilo de que necessita.

Sem dúvida, o dinheiro está sujeito a flutuações, pelo que não possui sempre o mesmo poder de compra; mas, pelo menos, tende a uma maior estabilidade.

*[3ª versão]*

É preciso, portanto, que todos os detalhes sejam levados em consideração – por isso a troca será sempre possível e, conseqüentemente, a associação.

É impossível, na verdade, tornar mensuráveis coisas tão diferentes; mas pode-se fazer isso convenientemente se atendermos ao fator "necessidade".

Portanto, é necessária uma certa unidade e esta não pode ser obtida senão por convenção. Daí a chamarmos moeda (*nomisma*). O dinheiro torna todas as coisas comensuráveis, admitindo-se que tudo possa ser medido em função do dinheiro.

O dinheiro pode igualar tudo com uma medida que torna todas as coisas comensuráveis. Sem associação não há, realmente, trocas; sem trocas, não há igualdade; sem igualdade, não há comensurabilidade.

Seja $A$ uma casa; $B$, dez minas; $C$, uma cama. $A$ é a metade de $B$, admitindo-se que a casa vale cinco minas, isto é, é igual a cinco minas, cama, $C$, é a décima parte de $B$. Quantas camas são necessárias para se obter um valor igual ao da casa? É óbvio que faltam cinco camas e desta forma se efetuaria a troca antes da existência do dinheiro. De fato, dar por uma casa cinco camas, ou o seu preço equivalente, é a mesma coisa.[2]

*[Fim da 3ª versão]*

---

(2) Assim podemos explicitar esse exemplo:

$A = \dfrac{B}{2}$ ou seja B = 2A (logo uma casa é igual a 5 minas)

$C = \dfrac{B}{10}$ (logo uma cama é igual a uma mina)

$C = \dfrac{2A}{10}$

$A = \dfrac{10}{2} C$

A = 5 C (ou seja, uma casa é igual a 5 camas)

Já estudamos as relações entre o recíproco e o justo, mas não nos podemos esquecer de que o objeto do nosso estudo é a justiça tal qual ela é praticada na cidade, tanto quanto a noção abstrata de justo.

A política justa realiza-se entre pessoas cuja comunidade de vida tem por objetivo alcançar uma existência autosuficiente de indivíduos livres e iguais, quer se trate de igualdade proporcional ou de igualitarismo.

Dessa forma, entre pessoas que não são nem livres nem iguais não há justiça política, mas tão-somente um certo tipo de justiça, a que se dá esse nome por causa da sua semelhança com a verdadeira justiça.

É que a noção de justo pressupõe pessoas cujas relações são reguladas, por uma lei. Mas quem discorre sobre a lei fala também de pessoas, para quem há possibilidade de injustiça, porque o processo judicial é a discriminação do justo e do injusto. Portanto, onde houver injustiça, existirá também ação injusta – ainda que o fato de se cometer uma ação injusta nem sempre implique injustiça.

Ora, agir injustamente é tomar mais do que a sua parte das coisas que em si próprias são bens, e menos do que lhe competiria daquelas que constituem malefícios. Aqui está a razão pela qual não aceitamos que seja um homem a governar, mas sim, e apenas, a lei: é que um homem se apoderaria de mais do que lhe competiria, e tornar-se-ia um tirano.

Na realidade, o magistrado é o guardião do justo e, sendo assim, o é também do igual. É por isso, e para todos, considerado como não possuindo mais do que lhe compete, na medida própria da justiça – porque não se atribui, a si mesmo, excedente algum de um bem, que não seja proporcional ao seu mérito. E, portanto, é no benefício de todos que ele trabalha, o que significa, como já afirmamos anteriormente, que a justiça é "um bem pertencente a outrem". Por esta razão, é preciso pagar-lhe um salário, que consiste em honrarias e prerrogativas. Os que não acham isto suficiente são os que se tornam tiranos.

A justiça do senhor para com seus escravos e a do pai para com os filhos não são formas idênticas àquelas das quais falamos, ainda que se lhes assemelhem.

De fato, não há injustiça, no verdadeiro sentido da palavra, sobre o que faz parte de nós mesmos. Ora, o conjunto dos escravos e o dos filhos – pelo menos até à idade da emancipação – são como uma parte de nós mesmos. Mas ninguém escolherá fazer mal a si mesmo.

Vê-se, portanto, que não há injustiça para com eles e, por conseqüência, não se é injusto, ou justo, no sentido político do justo.

É que a justiça política, como já vimos, implica a lei, e esta pressupõe pessoas que lhe estão naturalmente sujeitas, isto é, pessoas que gozem de um direito igual para governarem e serem governadas.

Donde resulta, por outro lado, que a justiça existe num grau mais elevado entre marido e esposa do que entre pai e filhos, ou amo e escravos. Esta justiça entre cônjuges é a justiça doméstica, que, aliás, é diferente da justiça política.

O justo político pode ser natural ou convencional.

É natural uma determinação que possui o mesmo valor em qualquer lugar, independentemente da opinião pública, quer lhe dando o seu apoio, ou contrariando o seu valor.

Ao contrário, pertence ao justo convencional o que, de início, pode ser indiferentemente feito desta ou daquela maneira, mas que deixa de ser indiferente uma vez decidido que se deverá agir desta ou daquela forma determinada.

Exemplos: o resgate de um cativo, será uma mina; oferecer-se-á em sacrifício uma cabra, e não duas ovelhas; podem acrescentar-se a esses exemplos todas as determinações legais, que visam casos particulares – como o sacrifício em honra de Brásidas e, em resumo, as decisões em forma de decreto.

Segundo alguns, todas as regras de justiça estariam ligadas ao justo convencional. Porque, segundo se diz, o que se ocupa da natureza das coisas não muda e possui por toda a parte a mesma força – assim, o fogo arde nas nossas casas como nas dos persas. Eles declaram que as coisas que se reconhecem justas são variáveis.

Porém, isso não é verdade, em absoluto, mas apenas num certo sentido. Não é impossível que, nas casas dos deuses, isso não ocorra de alguma forma; mas conosco pelo menos, ainda que haja efetivamente um justo natural, todas as regras de justiça não são menos submetidas à mudança. E, contudo, há uma justiça cuja fonte é a Natureza e outra cuja fonte não é a Natureza.

Por entre todas essas regras, que poderiam ser outras, diferentes, quais se ligam à natureza das coisas e são irresistíveis, e quais são somente convencionais e o ponto de um acordo comum, se umas e outras estão igualmente sujeitas à mudança? O que é bem claro, pelo menos, é que a mesma distinção é válida também nos outros domínios – por exemplo, é pela Natureza que a mão direita é mais forte que a esquerda, não importando, contudo, que possamos tornar-nos ambidestros.

As regras de justiça que são estabelecidas por convenção e com um objetivo utilitário podem ser comparáveis às unidades de medida.

As medidas utilizadas para o vinho e o trigo não são iguais em toda parte: são maiores no mercado por atacado, e menores na venda a varejo. Da mesma maneira, as regras da justiça, que não estão fundamentadas na Natureza mas determinadas pelo homem, não são as mesmas em toda parte, nem tampouco as formas de governo dos povos. Não há, por toda parte, senão uma só constituição conforme o direito natural, e que é a melhor.

Cada uma das determinações da justiça e das leis é, com relação às ações correspondentes, como o universal com relação aos particulares. De fato, as ações são múltiplas, enquanto cada determinação é uma, sendo universal.

Há uma diferença entre a coisa injusta e o ato injusto, e entre o ato justo e a coisa justa.

A coisa injusta é por ordem da Natureza ou da convenção. É quando realizada que se torna ato injusto; antes de ter sido praticada não é ato injusto, mas apenas uma coisa injusta.

Da mesma forma, para o ato justo (*dikaioma*) – mas é melhor, a fim de designar os diversos tipos de justiça, empregar o termo *dikaiopragèma*, servindo o termo *dikaioma* para designar a separação de um ato injusto.

Teremos, posteriormente, de examinar em separado cada uma das determinações da justiça e das leis, a natureza e o número das suas espécies, e de descrever o que constitui o seu domínio.

## II

Sendo iguais, como dissemos, as coisas justas e injustas, cumprir-se-á um ato de injustiça, ou de justiça, quando forem realizadas de pleno agrado. E se forem efetuadas contrariadamente? Então não serão realizados nem atos de injustiça nem de justiça, se tal não acontecer casualmente, caso em que se farão coisas que se considerarem ser justas ou injustas. Que certa ação seja um ato de injustiça ou de justiça, isso depende, então, de o fato realizar-se de boa ou má vontade. Age-se de pleno acordo? É consumado e então, mas só então, o ato em questão se torna um ato de injustiça, de onde resulta que um ato injusto não será, em alguns casos, um ato de injustiça se não possuir também o caráter de ter sido efetuado de plena vontade.

Considera-se "*cumprido de plena vontade*", como se disse acima, um ato que depende da nossa vontade e efetuamos conscientemente, isto é, sem ignorar quem é o objeto, o instrumento de que estamos a servir-nos e o resultado que provocará – por exemplo: que se fere, com o que e com que conseqüências.

Ainda é preciso que absolutamente nada seja feito por acaso nem por coação. Por exemplo, se me seguram a mão para ferir alguém, eu não agi de plena vontade, porque esse não é um ato voluntário meu.

Por outro lado, pode acontecer que o ferido seja nosso pai, e, mesmo se sabendo que é um homem, ou alguém do nosso meio, ignoramos que é nosso pai. Podemos aplicar a mesma distinção ao resultado a que se chegou e ao desenvolvimento completo da ação.

Concluindo: o que é ignorado, ou o que, não o sendo, não está em nosso poder, ou é feito por coação, isso é feito contra a vontade.

Há muitas coisas, e mesmo das que nos são naturais, que fazemos ou suportamos com todo o conhecimento de causa e, contudo, não são feitas voluntariamente nem contrariadamente, assim como envelhecer ou morrer.

Sucede da mesma maneira no domínio das coisas injustas e das coisas justas, isto é, que se pode agir por acidente. Pode-se, na realidade, devolver um depósito contrariadamente e por coação, e, do que assim procede, não se pode dizer que realizou coisas justas ou que praticou um ato de justiça, porque o fez acidentalmente. O mesmo se pode dizer para aquele que, sob a ameaça da coação e contra a sua vontade, não devolve esse depósito que lhe foi confiado; é preciso dizer que é por acidente que comete um ato de injustiça e que pratica uma coisa injusta.

Os atos praticados de plena vontade dividem-se em intencionais e não-intencionais.

Praticamos intencionalmente todos os atos que tenhamos previamente decidido; os atos não-intencionais são aqueles que não foram previamente deliberados.

Há então, três espécies de danos que podem dar lugar às relações sociais. São erros aqueles nos quais a ignorância intervém. É o caso, por exemplo, de uma pessoa que sofre a ação, e/ou a ação em si mesma, ou o instrumento, ou o resultado são diferentes daquilo que ela pensava: acreditava não atingir ninguém, ou não usar determinado instrumento, ou ainda não acreditava atingir um certo resultado e o obtido é, afinal, diferente do que havia previsto (por exemplo, não acreditava ferir, mas tão-somente estimular).

Um homem é justo se executou intencionalmente um ato de justiça; mas não realiza um ato de justiça quando age apenas porque lhe apetece.

As ações praticadas contrariadamente são algumas vezes perdoáveis e, outras vezes, não são dignas de perdão.

São perdoáveis aquelas que executamos, não direi apenas por ignorância, mas por causa dessa ignorância.

Com relação às que não são causadas por ignorância mas que cometemos em um estado de ignorância, e são provocadas por um sentimento passional, que não é natural nem humano, não são dignas de perdão.

*[Uma versão anterior – fragmento]*

Que significam as noções de injusto e de justo, eis uma questão resolvida. Depois do que dissemos, é óbvio que a ação justa é um meio-termo entre causar a injustiça e sofrê-la: cometer a injustiça é, de fato, ter mais do que a sua parte, e sofrê-la é ter menos. A justiça é uma espécie de meio-termo; no entanto, não da mesma maneira que as outras virtudes, mas no sentido de que nos faz alcançar o meio-termo, enquanto a injustiça nos conduz aos extremos.

Assim, a justiça é a disposição que nos faz dizer do homem justo que ele está pronto a realizar, intencionalmente, o que é justo e a distribuir, entre ele e um outro, ou outros, para si a maior parte do que é desejável, deixando a menor para o outro (e, inversamente, no que respeita ao que é fonte de desagrados), mas dando a cada um uma parte proporcionalmente igual, e, do mesmo modo, quando distribuir a outras pessoas.

A injustiça, ao contrário, é a disposição que nos faz dizer do homem injusto que ele está pronto para realizar intencionalmente o que é injusto. Em outras palavras, é o excesso e o defeito, com relação ao último e ao pernicioso, em violação à proporção.

Se a injustiça é o excesso e o defeito, é porque ela leva a isto. Quando se está incluído na distribuição, haverá excesso daquilo que é pura e simplesmente útil, e defeito do que é nocivo; quando se distribui a outros, o resultado do conjunto é o mesmo, mas a violação da proporção pode acontecer num sentido ou no outro.

Se se considera agora o ato injusto, ter a menor parte é sofrer de injustiça; ter a maior é cometer a injustiça.

Contentemo-nos com essas indicações no que concerne à justiça e à injustiça, à natureza de cada uma delas, assim como às noções de justo e injusto em geral.

Agora, é possível que aquele que comete um ato de injustiça não seja, ele próprio, injusto. Que atos de injustiça é preciso, então, cometer-se para ser injusto a respeito de algo, por exemplo, para ser ladrão, adúltero ou salteador?

Será preciso responder que não é o fato de cometer um certo ato que permitirá estabelecer a distinção? Na verdade, pode-se ter relações com uma mulher casada, com perfeito conhecimento da sua condição, sem agir, no entanto, em obediência a uma decisão, mas sob os efeitos de uma paixão incontida. Em tal caso, comete-se uma injustiça, mas não se é injusto – por exemplo, não se é ladrão, ainda que se tenha roubado; não se é adúltero, embora se tenha cometido adultério, e assim sucessivamente.

*[Fim do fragmento da versão anterior]*

Pode-se talvez perguntar se decidimos, como é forçoso, as dificuldades no concernente ao fato de sofrer e de praticar a injustiça. E, em princípio, parte-se, como disse Eurípedes, de uma fórmula paradoxal: "Matei a minha própria mãe, falando depressa. Mas tê-la-ia matado de pleno acordo no momento em que ela queria ser morta, ou foi contra a sua vontade e a minha própria?"

Na verdade, a questão deve ser assim colocada: pode-se de fato sofrer de injustiça com pleno acordo, ou, ao contrário, é sempre contra a vontade de quem a suporta, como é sempre do pleno agrado de quem a pratica?

Em outras palavras, sofrer a injustiça coloca-se sempre na categoria dos atos praticados com pleno agrado, ou sempre nos cometidos contra a vontade, ou, ainda, ora de bom grado, ora contra a vontade de quem a sofre?

Acontece o mesmo, aliás, no que concerne ao fato de sofrer-se a justiça, sendo bem entendido que fazer justiça é sempre um ato cumprido com pleno agrado. Dessa forma, poder-se-ia, com alguma aparência de razão, estabelecer em ambos os casos uma mesma oposição termo a termo: sofrer a injustiça e a justiça seriam, igualmente, ou atos cumpridos de bom agrado, ou atos cumpridos de mau grado.

Mas isso seria ir de encontro à opinião mais corrente, que sustenta que é sempre de bom grado que se sofre a justiça – há pessoas, de fato, que não se lhe submetem senão de má vontade.

Conviria ainda examinar o difícil ponto a seguir: aquele que suportou uma coisa injusta sofreu de alguma maneira uma injustiça, ou será que o que vale para o "praticar" não vale também para o "sofrer"? Em um e outro caso, de fato, pode-se estar implicado acidentalmente nas coisas justas. Ora, é óbvio que a mesma observação também pode ser feita para as coisas injustas: fazer coisas injustas não é cometer injustiça, e suportar coisas injustas não é suportar a injustiça. E o mesmo é verdadeiro no que diz respeito a exercer e suportar a justiça: impossível sofrer a injustiça se não há alguém para cometê-la, ou a justiça, se ninguém a exerceu.

Mas, se cometer a injustiça é pura e simplesmente fazer, de boa vontade, mal a qualquer pessoa – e se, por outro lado, "de boa vontade" significa: sabendo a quem se prejudica

– com que instrumento e de que maneira resultará que o impuro, que de boa vontade se prejudica a si mesmo, suporte boamente a injustiça e lhe seja possível cometer a injustiça para consigo mesmo? Mais precisamente, é possível a alguém ser injusto para consigo mesmo? Eis uma das questões que temos de discutir.

Mas há mais: pode acontecer que, por falta de preparação, se aceite plenamente o prejuízo causado voluntariamente por outrem e, sendo assim, se aceite de boa vontade a injustiça sofrida.

Dessa maneira, é preciso admitir que a definição que demos não estava correta e, às palavras "prejudicar a alguém sabendo a quem se prejudicou, com que instrumento e de que maneira", é necessário acrescentar: "contra o desejo daquele a quem se prejudicou"?

Esta definição, sendo admitida, pode bem permitir, à vontade, as coisas injustas em si mesmas; mas, quanto a sofrer a injustiça, ninguém o faz voluntariamente. De fato, ninguém deseja sofrer a injustiça, mesmo o impuro; a verdade é que este age indo ao encontro do seu desejo. Porque ninguém deseja aquilo que detesta, e o impuro faz o que sabe não dever fazer.

Quanto àquele que dá o que lhe pertence – como Glaucus, segundo Homero, deu a Diomedes: "As armas de ouro contra as de bronze e o preço de cem bois pelo de nove" –, não foi vítima de injustiça: está no seu livre-arbítrio dar, mas não o está sofrer a injustiça, porque para isso é preciso, necessariamente, que um outro cometa a injustiça à sua revelia.

Fim da discussão sobre "Sofrer a injustiça" (verifica-se que ninguém aceita a injustiça voluntariamente).

Resta-nos, então, discutir duas questões que tínhamos proposto:

a) Quando se atribui a alguém uma parte maior do que a merecida, pode-se incorrer em uma responsabilidade, ou, de fato, o culpado é, em todos os casos, o que recebe esta parte?

b) Podemos cometer injustiça mesmo em relação a nós mesmos?

Estas duas questões devem ser examinadas em conjunto, porque, se o primeiro membro da alternativa proposta na primeira questão é verdadeiro, isto é, se aquele que distribui

35

em excesso é quem comete a injustiça, e não o que o guarda em seu poder, resulta que, dando-se conscientemente e de sua plena vontade a outrem, mais do que a si próprio, se pratica a injustiça contra si mesmo.

Ora, é precisamente do conhecimento geral o que fazem as pessoas comedidas, porque o homem de bem tem sempre tendência a se atribuir a menor parte.

Mas não deverá ser admitido que esta opinião popular não possa ser tomada literalmente? De fato, o que toma a menor parte, pode muito bem, eventualmente, tomar para si a maior parte de um outro bem – a glória, por exemplo, ou a beleza moral. Além disso, a definição que demos de "cometer injustiça" permite resolver a dificuldade. Na verdade, no caso previsto, nada sofremos contra o nosso desejo, de modo que não se sofre uma injustiça, pelo menos dando a outrem a maior parte: tudo o que se poderá dizer é que se foi prejudicado.

Parece, aliás, que o puro e bom que efetua a distribuição é que é o culpado, e não o que aceita a parte maior que a devida.

Realmente, o que pratica a injustiça não é o que está acidentalmente ligado a um negócio injusto, mas o que o faz plenamente satisfeito; em outras palavras, aquele no qual a ação tem sua origem. Assim, no caso presente é o que distribui, e não o que recebe.

Mas, acrescentemos, diz-se "fazer" em muitos sentidos. Pode-se dizer que um assassinato é consumado por um instrumento inanimado, ou pela mão, ou por um escravo que agiu por ordem recebida. Aquele que faz desse modo a distribuição não comete certamente uma injustiça, embora faça algo que é injusto.

Igualmente, se foi em estado de ignorância que ele fundamentou o seu julgamento, não cometeu injustiça quanto à justiça legal; o seu julgamento não é injusto, mesmo que o seja, contudo, de uma certa maneira – porque o justo legal não se confunde com o justo no primeiro sentido.

Mas, se é com conhecimento de causa que julga injustamente, é porque ele procura possuir mais do que a sua parte, seja por privilégio, seja por vingança. Assim, todo aquele que, deixando-se arrastar por esses motivos, usa um julgamento injusto, possui mais do que a sua parte, da mesma maneira como se estivesse comprometido como cúmplice da má ação; porque mesmo o juiz que atribua um campo em tais condições recebe alguma coisa para si, não em terra, sem dúvida, mas em dinheiro.

As pessoas supõem que está no seu poder cometer a injustiça, e que, por esta razão, é fácil ser justo. E, no entanto, não é assim. Sem dúvida, dormir com a mulher do vizinho, bater no próximo, passar dinheiro por debaixo da mesa é fácil, está em nosso poder; mas fazê-lo, com tal disposição anterior, eis o que não é fácil nem está no nosso poder. Igualmente, pensa-se que, para reconhecer o que é justo ou o que é injusto, não é necessário estar habilitado. De fato, não é difícil compreender o que as leis ordenam. E, contudo, as coisas comandadas pelas leis não são coisas justas, a não ser acidentalmente. Como é preciso agir, como é preciso distribuir, para efetuar justiça, conhecê-la – é um trabalho mais árduo do que reconhecer as coisas favoráveis à saúde. E mesmo estas, se é fácil conhecer o mel, o vinho, o heléboro (erva medicinal), a cauterização e a ablação, é necessário ser médico para saber como, a quem e quando é preciso aplicar esses remédios para restabelecer a saúde.

Pela mesma razão ainda, imagina-se que o homem justo pode agir injustamente: não menos que um outro, de fato, e mesmo mais que nenhum outro, o homem justo é capaz de realizar uma ou outra coisa injusta. Assim, ele pode ter relações com uma mulher casada, pode ser agressor, exatamente como o corajoso pode jogar fora o seu escudo, virar as costas e fugir alucinadamente.

Responderemos a isto que cometer uma covardia ou uma injustiça, não é cometer coisas vis ou injustas, salvo excepcionalmente, mas é realizá-las com uma certa disposição interior, como tratar e curar não é efetuar uma ablação ou não fazê-la, medicamentar ou não medicamentar, mas fazê-lo de uma certa maneira.

*[Nota à margem]*

A justiça encontra lugar entre pessoas que participam das coisas pura e simplesmente boas, mas que podem ter muito ou muito pouco. Certas pessoas desconheciam ter uma grande parte desses bens: assim é, quem sabe, o caso dos deuses. Para outros, a menor parte não teria utilidade alguma, e são

37

os irremediavelmente viciosos: para eles, esses bens são sempre prejudiciais. Para outros, finalmente, são úteis, com a condição de não ultrapassarem um certo limite, e é isso que é humano.

*[Fim da nota]*

Perguntamo-nos se é possível, ou não, cometer injustiça contra si mesmo; o que foi dito torna a resposta evidente. Há, de fato, uma primeira classe de atos justos: são as obras de uma ou outra virtude que são ordenadas pela lei. Assim, por exemplo, a lei não ordena o suicídio; ora, tudo o que ela não ordena, proíbe-o. Além disso, quando se viola a lei para causar deliberadamente um prejuízo a alguém (exceto o caso em que alguém prejudica a si mesmo), comete-se uma injustiça (e "deliberadamente" significa o prévio conhecimento de quem se prejudica e com que instrumento). Mas aquele que, num momento de cólera, corta a sua garganta voluntariamente causa um dano contrário à ética, o que a lei não permite. Comete, pois, a injustiça.

Mas para com quem se comete uma injustiça? Não será para com a cidade, e não para consigo mesmo? Porque é de bom grado que ele sofre e ninguém suporta com prazer a injustiça. E é por essa razão que a cidade é severa contra tais atos e uma espécie de indignidade cívica fere aquele que se suicida, como culpado de injustiça contra a cidade.

Em segundo lugar, se se fala de injustiça no sentido de que aquele que a comete é apenas injusto, sem ser totalmente pervertido, não é possível praticar injustiça contra si próprio.

(Este caso difere do anterior: É possível, de fato, alguém ser injusto num certo sentido, como quando é covarde, sem ser injusto no sentido em que se seria assinalado por uma perversidade total, de maneira que, cometendo uma injustiça, não se manifesta mais uma maldade absoluta.)

1) Imaginemos que alguém comete injustiça contra si mesmo. Resulta daí que a mesma coisa poderia, ao mesmo tempo, ser suprimida e contribuir para ela. Isso é impossível; ao contrário, é necessário que a justiça e a injustiça se realizem em todas as ocasiões nos vários casos.

2) Um ato de injustiça é um ato praticado voluntária e intencionalmente, sem provocação: segundo o testemunho

geral, aquele que sofreu em primeiro lugar e que devolve o que recebeu não comete um ato de injustiça. Ora, se se causa um dano a si próprio, sofre-se, e fazem-se simultaneamente as mesmas coisas.

3) Além disso, resulta que se poderia sofrer de boa vontade a injustiça.

4) A todas essas objeções, acrescentamos ainda que não se pode agir injustamente sem se cometer algum ato particular de injustiça. Ora, ninguém pode cometer um adultério com sua própria mulher, nem violar seu próprio domicílio, nem furtar o que lhe pertence.

De uma maneira geral, a questão: "Pode-se cometer injustiça contra si próprio?" resolve-se pela definição que demos a propósito da questão: "Pode-se sofrer voluntariamente a injustiça?"

Contudo, num sentido metafórico estabelecido sobre a semelhança, há uma espécie de justiça não verdadeiramente entre si e si próprio, mas entre as diferentes partes de si próprio. Ainda não se trata de uma justiça qualquer, mas daquela que regula as relações entre o senhor e seus escravos, ou as do chefe de família e seus familiares. É, na verdade, porque mantém entre si relações desse tipo que se distinguem a parte da alma que possui a regra e a que está desprovida dela.

É porque diz respeito a essas relações que se acredita, em geral, que há injustiça contra si próprio: as partes da alma não podem sofrer algo que vá de encontro aos seus próprios desejos? Há então entre ela, também, uma espécie de justiça análoga à que se realiza entre o chefe e o seu subordinado.

Parece que sofrer a injustiça e cometê-la são duas coisas más: uma consiste, de fato, em ter menos e a outra em ter mais que o justo meio-termo (comparar o remédio em medicina e a boa forma em ginástica). Contudo, é um mal maior cometer injustiça. Agir injustamente supõe de fato um vício perfeito, e merece a censura de um vício consumado, no sentido próprio do termo, ou quase, porque é preciso reconhecer que nem todo o ato injusto, executado voluntariamente, implica um vício. Sofrer a injustiça, ao contrário, não pressupõe que haja vício, isto é, injustiça, daquele que a sofreu.

Sofrer a injustiça é, portanto, em si mesmo, o menor mal; mas nada impede que não seja por acidente um mal maior. O estudo teórico não encara, no entanto, tais considerações: para ele, a pleurisia é uma doença muito mais grave do que um machucado num pé, ainda que esta possa acidentalmente ocasionar conseqüências muito graves, como, por exemplo, se a ferida nos faz cair, de tal maneira que se é pego, ou morto, por inimigos.

A seqüência do nosso assunto nos leva agora a falar da eqüidade e do eqüitativo e a determinar as relações que existem entre a eqüidade e justiça, por um lado, eqüitativo e justo, por outro.

Se consideramos, de fato, a justiça e a eqüidade, parece evidente que elas não são uma só e a mesma coisa, propriamente dita, e, contudo, não são também de gêneros diferentes. Elogiamos o que é eqüitativo e o homem que faz prova desta qualidade, embora, mesmo para elogiar outras qualidades, usemos o termo "eqüitativo" em lugar de "bom", querendo afirmar por "mais eqüitativo" que algo é "melhor". Mas, ao contrário, quando refletimos bem no assunto, parece-nos extraordinário que o eqüitativo possa ser objeto de elogio, se ele é diferente do justo. De duas coisas, uma: ou bem o eqüitativo e o justo são verdadeiramente diferentes e, nesse caso, ou é justo o que não é bom, ou é o eqüitativo que não o é, ou então são ambos bons e nesse caso são uma e a mesma coisa.

Assim são as considerações que o problema relativo ao eqüitativo suscita. Umas e outras estão corretas, cada uma à sua maneira, mas bem distante de serem inconciliáveis.

É que a eqüidade, mesmo sendo superior a um certo tipo de justiça, é, em si mesma, justa; quero dizer, não é superior à justiça, no sentido de que ela representaria uma realidade diferente. Assim, justo e eqüitativo são uma só e mesma coisa, são ambos bons, ainda que o eqüitativo o seja de maneira superior.

O que criou a dificuldade foi o fato de a eqüidade, mesmo sendo justa, não se reduzir a essa justiça que é a conformidade para com a lei, sendo antes uma correção aplicada à justiça legal.

Mas, se a eqüidade é assim, é porque a lei representa sempre uma disposição universal e, em certos domínios, é impossível falar corretamente, permanecendo-se no plano universal, sem que haja a possibilidade de fazê-lo corretamente, a lei toma em consideração o que se decide na maioria dos casos, sem ignorar a margem de erro de que esta enferma. Nem por isso é uma lei pior, porque o erro não está na lei nem naquele que a faz: está na própria natureza do caso em consideração. A matéria pertinente a ações morais, na verdade, no seu interior, se insurge contra uma legislação universal.

Quando, portanto, a lei coloca uma regra universal e aparece inesperadamente um caso particular que se lhe escapa, é, então, legítimo – na medida em que a disposição tomada pelo legislador é insuficiente e errada por causa do seu caráter absoluto – aplicar um corretivo, para retificar essa omissão, promulgando o que o legislador teria no seu lugar e que teria previsto na lei, se tivesse tido conhecimento prévio do caso.

Aí está, na verdade, a razão pela qual nem tudo pode estar previsto pela lei: porque, em certos casos, é impossível fazer uma lei, pelo que há necessidade de recorrer-se ao decreto. A coisa indeterminada implica, igualmente, uma regra indeterminada, como a regra do fio de prumo utilizada na construção de Lesbos: a regra, bem longe de tornar-se rígida, toma as formas da pedra. Da mesma maneira, o decreto adapta-se aos fatos.

Assim, a eqüidade é justa e melhor que uma determinada justiça; mas não o é em sentido geral, mas apenas naquilo em que, pela sua formulação absoluta, pode padecer de erro. A natureza essencial da eqüidade é a de ser um corretivo aplicado à lei, na medida em que a sua universalidade torna esta incompleta.

Depois do que dissemos, vê-se muito bem o que é eqüitativo, que tal é justo, e a que tipo de justiça ele é superior.

Isso nos leva a ver o que é um homem eqüitativo. É aquele que tem a intenção de fazer e faz, de fato, as coisas eqüitativamente; o homem que não se prende mesquinhamente às disposições da justiça, mas que se contenta com a pior parte, uma vez que tem a lei a seu lado. Eis o homem eqüitativo. Quanto à condição do seu caráter, é a eqüidade; é uma espécie de justiça e não alguma disposição diferente.

Fim do tratado da justiça e, ao mesmo tempo, fim do tratado das virtudes morais.

# LIVRO II

## DA AMIZADE E DA JUSTIÇA
(TRECHOS DO LIVRO VII DE *ÉTICAS A EUDEMO*
E DOS LIVROS VIII E IX DE *ÉTICAS A NICÔMACO*)

# Éticas a Eudemo

## Livro VII

O que é a amizade e qual é a sua natureza; o que é um amigo, considerando-se a amizade em um ou em vários sentidos, e, neste último caso, em quantos sentidos; e, ainda, como é preciso tratar um amigo e o que é a justiça na amizade – eis o que não merece menor exame do que aquilo que é belo e desejável no domínio dos caracteres. Porque o trabalho da política consiste sobretudo, considerado na generalidade, em engendrar a amizade. Também se diz que a virtude é útil, porque é impossível aos que são injustos uns para com os outros serem amigos entre si. Além disso, afirmamos que a justiça e a injustiça se manifestam principalmente com relação aos amigos – e reconhece-se que o mesmo homem é, ao mesmo tempo, bom e amigo e a amizade, um tipo de disposição de ordem moral. E quem quiser fazer com que os homens não se tratem com injustiça deverá fazê-los amigos uns dos outros, porque os verdadeiros amigos não se tratam com injustiça. Mas, igualmente, se eles são justos não se prejudicarão. É, portanto, a mesma coisa, ou quase, a justiça e a amizade. Por outro lado, admite-se que um amigo é considerado entre os maiores bens, e a falta de amizade e a solidão são, na verdade, o que há de mais terrível, porque a vida inteira e a associação voluntária tem lugar com amigos, já que passamos nossos dias com vizinhos, parentes, amigos ou então com os filhos, pais ou com nossa esposa. E os atos privados de justiça relacionados a amigos dependem apenas de nós, mas os que se referem a outras pessoas são regidos por leis, e não dependem de nós.

Muitas dúvidas se apresentam com relação à amizade. Antes de mais nada, é considerada do exterior e dá-se-lhe demasiada extensão, porque se pretende que o semelhante é amigo do semelhante, de onde se diz: "O divino conduz sempre o semelhante para o semelhante, o gaio para perto dos gaios, o ladrão atrai o ladrão, e o lobo, o lobo".

E os filósofos da Natureza ordenam a Natureza inteira segundo o princípio de que o semelhante tende em direção ao semelhante. Assim é que Empédocles disse que o cão se senta sobre a telha porque esta lhe é muito semelhante. A essa definição de amizade se opõe, por outro lado, a que vê no contrário o amigo do oposto. Porque o que é objeto de amor e de desejo é amigo para todos, e o seco não deseja o seco, mas o molhado, de onde se diz: "A terra ama a chuva"; "A mudança em todas as coisas é agradável".

Assim, a mudança tende ao seu contrário, e o semelhante é o inimigo do semelhante, já que: "O oleiro inveja o oleiro", e os animais que se alimentam da mesma fonte são inimigos entre si.

Desse modo, essas convicções são amplamente discordantes, porque uns pensam que o semelhante é amigo, e outros acham que é inimigo: "O *menos* é sempre inimigo do *mais* e começa o dia do ódio". Além disso, os lugares dos opostos estão separados, mas se reconhece que a amizade atrai.

Entretanto, outros pensam que os contrários são amigos, e Heráclito critica o poeta que escreveu "que a discórdia desaparece do meio dos deuses e dos homens", porque a harmonia não existiria sem o agudo e o grave, nem os animais sem os contrários, que são o macho e a fêmea. Eis, portanto, duas opiniões sobre a amizade, muito gerais e também bastante distantes uma da outra.

Mas outras estão muito próximas dos fatos reconhecidos, e são pertinentes. Na verdade, para uns parece impossível que os maus sejam amigos — só os bons podem sê-lo. Para outros, contudo, seria estranho que as mães não pudessem amar seus filhos. (É evidente que esta amizade existe mesmo entre animais selvagens; as fêmeas, pelo menos, preferem morrer pelos filhos!). Outros, ainda, são de opinião que somente o útil é amigo, demonstrando que todos realmente objetivam o útil e o inútil é rejeitado por eles de si mesmos – como Sócrates, o Ancião, tinha o costume de dizer, quando mencionava saliva, cabelos e unhas. Rejeitam-se as partes que são inúteis e, no fim, o corpo quando morre, já sendo cadáver é inútil. Mas aqueles para quem ele tem uma utilidade conservam-no, como é feito no Egito.

Certamente todas essas coisas parecem opostas umas às outras. De fato, o semelhante é inútil ao semelhante, e a contrariedade é que ele está muito afastado da similitude, e o contrário é o mais inútil ao seu contrário, já que é este que o destrói.

Por outro lado, parece fácil a alguns fazer um amigo, a outros raríssimo reconhecê-lo, e impossível para quem tem uma má fortuna (porque dos que são felizes todos desejam parecer amigos). Outros, enfim, julgam indignos de confiança mesmo aqueles que permanecem consigo até o final das suas más fortunas, como se eles os enganassem completamente e fingissem com sua atitude a fim de obter, graças à sua companhia na desgraça, a sua amizade para quando retornarem à boa fortuna.

(...)

8

Falamos bastante da concórdia e da benevolência! Questiona-se por que é que os benfeitores gostam mais dos seus beneficiários do que estes dos seus benfeitores. Aparentemente, na verdade, o contrário seria justo. Seria assim, pode-se acreditar, por utilidade e lucro pessoal, porque se contrai uma dívida com relação ao benfeitor – então, o beneficiário deve pagar essa dívida. Ainda assim, isto não é tudo; é também uma lei da Natureza, porque a atividade é preferível. E a relação é a mesma que existe entre a obra e a atividade, sendo, de alguma maneira, o beneficiário a obra do benfeitor. Isto porque mesmo entre os animais, existe uma impulsão a respeito das crias, a fim de pari-las e protegê-las uma vez nascidas. De fato, os pais (e as mães, mais do que os pais) amam seus filhos mais do que eles próprios são amados. E estes, por sua vez, amam seus próprios filhos mais do que os pais, porque a atividade é o que há de melhor. E as mães amam seus filhos mais do que os pais porque elas crêem que eles são mais obra delas de fato, avalia-se a obra pela dificuldade, e a mãe sofre mais desde o nascimento dos filhos.

9

Aqui está algo sobre a definição da amizade para consigo mesmo e entre vários indivíduos. Tem-se a opinião de que o que é justo é algo de igual, e que a amizade se encontra na igualdade – se não é sem razão que se diz que "amizade é igualdade". Ora, todas as constituições são uma certa espécie de justiça, porque são comunidades, e toda reunião se estrutura na justiça. Em conseqüência, as espécies de amizade são tão numerosas quanto as de justiça e da associação. E todas essas espécies se limitam umas com as outras e apresentam diferenças pouco sensíveis.

Mas as relações semelhantes entre a alma e o corpo, o trabalhador e a ferramenta, o senhor e o escravo não dão lugar à associação, porque não formam dois seres distintos, mas o primeiro está unificado enquanto a outra se substitui e não é unificada. O bem não é mais divisível entre os dois, mas o bem de ambos não pertence senão a um só, para o qual ele existe. De fato, o corpo é o instrumento congênito da alma, e o escravo é como uma parte e um instrumento separáveis do amo, sendo o instrumento, de qualquer forma, um escravo inanimado.

Ao contrário, as outras comunidades são uma divisão das comunidades civis – por exemplo, as fratrias ou as confrarias religiosas, ou, ainda, as comunidades financeiras. E todas as constituições corretas, assim como as degeneradas, se encontram na família (porque, assim como acontece nas harmonias musicais, o mesmo se dá nas constituições). Monárquica é a relação do pai para com seus filhos; aristocrática, a do marido para com sua esposa; democrática, a dos irmãos entre si. As formas deturpadas são: tirania, oligarquia e "populismo". Sendo, portanto, a totalidade de formas de justiça!

Contudo, já que a igualdade é ora numérica, ora proporcional, haverá também diferentes espécies de justiça, amizade e associação. É sobre a igualdade numérica que se fundamenta a associação e a amizade dos companheiros, uma vez que é segundo a mesma norma que elas são medidas. É sobre a igualdade proporcional que se fundamenta a aristocracia (que é a melhor forma) e a monarquia (porque não é a mesma coisa que é justa para o superior e para o inferior, mas, sim, alguma coisa proporcional a cada um) – tal é a afeição entre pai e filho; e é da mesma maneira nas associações.

Fala-se de amizades entre parentes, companheiros, associados, sendo esta última o que se chama amizade política.

A amizade entre parentes compreende várias espécies: uma entre irmãos, outra entre pais e filhos; porque uma se fundamenta na igualdade proporcional, por exemplo, o afeto paternal, enquanto a outra sobre a igualdade numérica, a dos irmãos entre si; porque esta está próxima da amizade entre companheiros, uma vez que também a antigüidade dá certas vantagens. De seu lado, a amizade política é constituída em função da utilidade. É porque cada um não se basta a si mesmo que os homens, supõe-se, estão reunidos, embora estejam juntos também para viverem em comunhão. Contudo, só a amizade política e a sua corrupção não são apenas amizades, mas também associações na qualidade de amigos; as outras amizades fundamentam-se na superioridade. O que é mais justo se encontra na amizade por utilidade, pois que ali está o que constitui a justiça política.

De outra ordem é, na verdade, a associação da serra e da arte: não é por terem em vista um fim comum que elas se unem (porque são como o instrumento e a alma), mas no interesse daquele que as utiliza. Acontece, de fato, que o instrumento em si mesmo recebe a atenção na precisa medida em que é justo para a função: ele existe para ela — e a essência de uma broca é dupla, sendo a principal o seu uso, a perfuração. É nesta espécie que se encontram o corpo e o escravo, como se afirmou acima.

Por isso, procurar saber como é preciso conduzir-se com um amigo é perseguir uma certa justiça, porque, em geral, a justiça inteira está relacionada com um ente amigo: há justiça para certos homens, compreendidos aqui os associados, e o amigo é um associado, ou na família ou na vida. De fato, o homem não é somente um animal político, mas também um animal doméstico e, contrariamente a todos os outros animais, não se acasala num determinado período e com uma fêmea ou um macho de ocasião. Contudo, num sentido particular, não é um animal solitário, mas vive em associação com os que são naturalmente seus parentes. Haveria, portanto, uma certa associação e uma certa justiça, mesmo que ele não tivesse condição: a família é uma amizade. Por seu lado, a relação do amo e do seu servidor é a da arte e do instrumento, da alma e do corpo, mas isso não é nem amizade, nem forma de justiça, mas alguma coisa análoga, como o que é saudável não é alguma coisa de justo, mas algo análogo. A amizade de uma mulher e um homem existe na medida da sua utilidade, e é uma associação; a do pai e do filho é a mesma que a da divindade para com o homem, do benfeitor para o beneficiário e, em geral, daquele que naturalmente governa para aquele que naturalmente é governado.

A dos irmãos entre si é, sobretudo, a amizade de companheiros, fundada sobre a igualdade: *"Porque não me chamou jamais de bastardo, mas a ambos se reconhecia o mesmo pai, Zeus, o meu rei"*. Aí está o que é falar como pessoas que procuram a igualdade. Porque em casa é que se encontram, primeiramente, as origens e as fontes de amizade, condição social e justiça.

Há três espécies de amizades fundamentadas, respectivamente, sobre a virtude, a utilidade e o prazer, subdividindo-se cada uma em duas espécies (porque cada uma comporta a superioridade e a igualdade). A justiça nessas amizades resulta das discussões anteriores. Na amizade fundamentada sobre a superioridade, reclama-se a proporcionalidade, mas não da mesma maneira, invertendo o superior a proporcionalidade: sua relação com o inferior assemelha-se à que existe entre os serviços prestados pelo inferior e os seus próprios, sendo a sua situação semelhante à de um chefe perante um subordinado – e, se não é esta relação, ele reclama pelo menos a igualdade numérica. Porque é o que acontece também nas outras associações em que os amigos fazem a partilha de acordo com uma igualdade, ora numérica, ora proporcional: se o dinheiro é produzido de uma maneira numericamente igual, eles repartem-no igualmente segundo uma igualdade numérica; mas, se é de alguma maneira desigual, repartem-no proporcionalmente. O inferior, ao contrário, inverte a proporcionalidade e acumula os termos segundo a diagonal. Mas, assim, parecerá que o superior se amesquinha e que a amizade ou associação é um serviço prestado. É preciso, portanto, restabelecer a igualdade de outra maneira e fazer a proporcionalidade: é a honra, que pertence àquele que por natureza governa e ao deus relacionado ao governado; é preciso, então, que o lucro se iguale pela honra. A amizade fundamentada sobre a igualdade é, por outro lado, a amizade política. Esta se assenta em parte sobre a utilidade – as cidades são amigas umas das outras como o são seus cidadãos. E assim como "os atenienses não conhecem mais os megarianos", assim também os cidadãos, logo que não são mais úteis uns aos outros, uma vez que a amizade consiste em pagamentos de mão a mão. Há, por outro lado, uma relação governante-governado que não é nem a relação natural nem a que existe entre a realeza, mas a que faz com que, alternadamente, cada um governe e seja governado. Isto não é também para fazer como a divindade, a fim de tornar iguais o bem recebido e o serviço prestado. A amizade política deseja, portanto, ser baseada na legalidade. Mas há duas espécies de amizade e de utilidade: uma legal e a outra moral. A amizade política considera a igualdade e a coisa como os vendedores e os compradores, de onde o provérbio: "Uma canção para o homem amigo".

Portanto, quando ela se alicerça sobre uma relação cordial, esta amizade é política e legal. Mas, assim que as pessoas se dedicam umas às outras, a amizade deseja ser moral e da ordem do companheirismo. Também há críticas sobretudo nesta amizade, e com razão: ela é contra a Natureza. De fato, as amizades diferem segundo se fundamentam sobre a utilidade ou a virtude, mas as pessoas desejam ter as duas simultaneamente e reúnem-se com vista à utilidade; contudo, fazem uma amizade moral como entre pessoas de bem: agindo à maneira dos que confiam, não fazem uma amizade legal. Em geral, dentre as três, é, na verdade, na amizade de utilidade que se encontram as mais numerosas críticas – porque a virtude é sem manchas, e os amigos por prazer, após terem recebido e dado de parte a parte, consideram-se pagos; entretanto, os amigos por utilidade não se separam de imediato, se não se comportam de uma maneira legal, mas como companheiros. Apesar disso, a amizade de utilidade, que é legal, não merece censura. A separação legal é uma questão de dinheiro (porque é por este último que se mede a igualdade), enquanto a separação moral ocorre de comum acordo. É por isso que, em certos lugares, uma lei interdita aos que têm esta relação de amizade os processos para os contratos aceites de pleno acordo e com justiça. De fato, as pessoas de bem não recorrem naturalmente à justiça e estabelecem seus contratos com pessoas de bem e de confiança. Mas, nesta amizade, as censuras de um e de outro são suspeitas de ambos os lados: como poderá cada um fazer censuras quando a confiança repousa sobre o caráter moral e não sobre a lei?

Há, portanto, perplexidade: que critério permitirá julgar do que é justo, a quantidade de serviço prestado ou a qualidade que ele representava para o que recebe? De fato, pode-se recordar o que diz Teógnis: "Para ti, isto é pequeno, deusa, mas para mim é grande". "É uma bagatela para ti, mas para mim é a morte".

De onde as censuras, como se disse. De fato, o primeiro crê que alguém tem uma dívida para consigo, porque ele prestou grandes serviços e os fez por solicitação do outro, ou por alguma outra razão no gênero, estimando o que seu serviço representava para o outro e não o que era para ele. O segundo, ao contrário, insiste sobre o lucro que resultava para o primeiro, mas não sobre o que ele próprio ganharia. Por vezes, o beneficiário inverte a situação: menciona o pequeno lucro que resultou para si próprio, enquanto o benfeitor insiste sobre o que lhe custou. Por exemplo, num caso no qual com grande risco o indivíduo fez um serviço no valor de um dracma, um insiste sobre a grandeza do risco, o outro sobre a do dinheiro, como no pagamento duma dívida, na verdade a disputa recai sobre este ponto: um pede o valor do dinheiro de então, o outro o seu valor atual, a menos que tudo não esteja claramente detalhado no contrato.

A amizade política considera, portanto, a relação cordial e a coisa, enquanto a amizade moral considera a intenção; em conseqüência, esta é mais justa, de uma justiça amigável. A razão da disputa é que a amizade moral é mais bela; contudo, a amizade útil é mais necessária. Os homens começam como amigos morais, isto é, amigos por virtude; mas, logo que um interesse particular cria obstáculo, torna-se evidente que tudo se modifica. Porque é em vão que o

povo persegue o que é belo e, portanto, também a amizade mais bela.
Vêem-se assim, claramente, as distinções que devem ser feitas a esse respeito. No caso dos amigos virtuosos, é preciso observar se a sua intenção é igual; para ver se algum não pede nada de outro para outro. Porém, no caso de amigos úteis e políticos, é preciso verificar como poderiam tirar proveito do seu acordo amável. Mas, se um afirma que eles são amigos de uma maneira, o outro de uma outra, não é belo quando é necessário um gesto de mudança. Fazer belos discursos é preciso em outros casos; mas já que não se previu a situação num contrato, sob o pretexto de que era à maneira de uma amizade moral, é preciso que haja a intervenção de um juiz, e nem um nem outro deve tentar iludir sob um pretexto falso – assim, cada um deve contentar-se com sua sorte. O que prova claramente que a amizade moral se alicerça sobre a intenção é que, se a alguém, após ter recebido grandes serviços, estes não lhe restituem o poder, mas somente na medida dos seus meios, está bem. E o ser divino se satisfazia em receber sacrifícios proporcionais às nossas capacidades. Mas o vendedor não será satisfeito se se lhe disser que não se pode dar-lhe mais, assim como sucederá com o credor.

Muitas críticas surgem nas amizades pelos que não são amigos segundo uma linha direta; e é difícil ver o que é justo. De fato, é difícil medir, por um critério único, o que não está segundo a linha direita, como o que se verifica com os enamorados: persegue o outro como alguém com quem é agradável viver, enquanto o segundo procura por vezes o primeiro como alguém útil. Mas, logo que o amor cessa, mudando o primeiro, o outro muda também, e então eles avaliam o que ocorreu a cada um, e querelam como Pitão e Pamene e, em geral, como o professor e o aluno (porque a ciência e o dinheiro não têm medida alguma em comum), e também como o médico Heródico com aquele que lhe pagou pequenos honorários. Ou, enfim, como o citarista e o rei: o primeiro estava em relação com o seu parceiro porque ele era agradável, o outro porque era útil; mas o rei, logo que chegou o momento de efetuar o pagamento, pretendeu fazer-se simpático e disse que, como o citarista o tinha alegrado cantando, ele próprio tinha alegrado o citarista com a sua promessa.

Entretanto, vê-se perfeitamente como é preciso, aqui também, distinguir: porque, nestes casos, também é preciso utilizar um só critério, não numericamente um, mas proporcionalmente. Porque é preciso medir segundo a proporção, como a associação de cidadãos se mede: como se associará um sapateiro com um agricultor, se não se realizarem trabalhos equivalentes a uma proporção? Para aqueles que não seguem um trilho direito, é o análogo que faz a medida. Por exemplo, se um se queixa de ter dado o saber e o outro o dinheiro, é forçoso examinar o que é o saber com relação ao dinheiro, e seguidamente o que foi dado por cada um. Porque, se o primeiro deu a metade do menor objeto e o outro nem sequer uma ínfima parte da maior, é claro que este comete uma injustiça. Mas, neste caso, também há ambigüidade no princípio, se um afirma que a relação deles se estrutura sobre uma amizade de utilidade, e o outro afirma que ela não se fundamenta nesta, mas sobre qualquer outra amizade.

# Éticas a Nicômaco

## Livro VIII

Mas a igualdade não parece ter a mesma forma no domínio das ações justas e na família. Nos casos de ações justas, o igual no primeiro sentido é o que é proporcionado ao mérito, enquanto o igual em quantidade não é senão um sentido derivado. Ao contrário, na amizade, o igual em quantidade é o primeiro sentido, e o igual proporcionado ao mérito, o sentido secundário. O que afirmamos é evidente, quando uma disparidade considerável se produz pelo que diz respeito à verdade, ou ao vício, ou aos recursos materiais, ou a qualquer outra coisa: os amigos não são muito mais tempo amigos, e não pretendem mesmo fazê-lo. Mas o caso mais marcante é o dos deuses, em quem a superioridade em toda a espécie de bens é a mais indiscutível. Embora o mesmo se veja quando se trata dos reis: no que lhes diz respeito, os homens de uma situação na verdade inferior não podem pretender a sua amizade – não mais, aliás, que as pessoas desprovidas de todo o mérito possam sonhar em se ligar aos homens mais distintos pela sua excelência ou sabedoria. É verdade que em caso semelhante não se pode determinar com precisão até que ponto os amigos são ainda amigos: desaparecendo em grande parte os motivos sobre os quais ela assenta, a amizade ainda persiste. Contudo, se um dos amigos é separado por um intervalo de tempo considerável (como, por exemplo, Deus está afastado do homem), não há mais amizade possível. É o mesmo que deu lugar à questão de saber se, no final das contas, os amigos desejariam verdadeiramente para os seus amigos os maiores bens – como, por exemplo, o fato de serem deuses –, porque então não seriam mais amigos por eles, nem em conseqüência dos bens, já que os amigos são dos bens. Se, portanto, tivermos razão em dizer que o amigo deseja o bem ao seu amigo, em reconhecimento desta amizade, e se devia manter-se como é, qualquer que possa ser, enquanto o outro desejará ao seu amigo somente os maiores bens compatíveis com a persistência da sua natureza humana. Pode ser mesmo que não lhe deseje todos os maiores benefícios, porque é sobretudo para si mesmo que todo o homem deseja as coisas que são boas.

    A maior parte dos homens possuídos pelo desejo de honrarias parece desejar ser amado mais do que amar (de onde resulta que se ama geralmente os aduladores, porque o adulador é um amigo em estado de inferioridade, ou pelo menos parece sê-lo, e ama mais do que é amado). Ora, ser amado e ser honrado são, parece, noções muito próximas, e é ser honrado que a maioria dos homens objetiva. Mas parece que não se escolhem as honrarias por si mesmas, mas somente por acidente. Na verdade, agrada receber freqüentemente manifestações de considerações por parte dos altos funcionários, em razão das esperanças que elas fazem nascer – porque se pensa obter deles o que se deseja, seja o que for; em conseqüência, é como sinal de benefício a receber que provoca regozijo a honra prestada. Os que, por outro lado, desejam ser honrados pelas pessoas de bem e de saber, aspiram, fazendo-o, a reforçar a sua opinião própria sobre eles mesmos. Alegram-se, então, da honraria que recebem, porque ficam assegurados do seu próprio valor moral sobre a fé do julgamento levado pelos que a comunicaram. Por outro lado, gosta-se de ser amado por si próprio. De tudo isto resulta que ser amado pode parecer preferível a ser honrado, e a amizade é desejável por si própria.

    Mas parece certo que a amizade consiste mais em amar do que em ser amado. O que o demonstra bem é a alegria que as mães sentem em amar seus filhos. Algumas os entregam a amas-de-leite e amam-nos sabendo que são seus filhos, mas não procuram ser amadas em reciprocidade, se as duas coisas não são possíveis simultaneamente, parecendo-lhes suficiente vê-los prosperar. E amam seus filhos mesmo quando eles lhes negam o que é devido a uma mãe, por ignorarem onde eles se encontram.

## 10

    Admitindo-se que a amizade consiste mais no fato de amar, e que se louvam os que amam seus amigos, parece verdade que amar seja a virtude dos amigos, de maneira que aqueles em quem esse sentimento se encontra proporcionado no mérito do seu amigo são amigos constantes, assim como a sua amizade o é também. É sobretudo desta maneira que os homens de condição desigual podem ser amigos, porque assim serão igualados. Ora, a igualdade e a semelhança constituem o afeto, particularmente a semelhança dos que são parecidos em virtude. Porque, sendo estáveis em si mesmos, eles permanecem igualmente nas suas relações mútuas e não pedem nem se prestam a serviços degradantes, podendo mesmo afirmar-se que lhes opõem resistência – já que o característico das pessoas virtuosas é, ao mesmo tempo, evitar errar por si mesmas e não o tolerar da parte dos seus amigos. Os maus, ao contrário, não têm estabilidade, porque não permanecem semelhantes mesmo a si próprios; não fazem amigos senão por um período muitíssimo curto, deleitando-se com a sua maldade recíproca. Aqueles cuja amizade assenta sobre a utilidade ou o prazer fazem amigos durante muito mais tempo que os precedentes, período durante o qual procuram reciprocamente prazeres e lucros.

É a amizade baseada na utilidade que, parece, se forma mais freqüentemente a partir de pessoas de condições opostas – por exemplo, a amizade de um pobre por um rico, de um ignorante por um sábio. Porque, quando se está desprovido de uma coisa que se cobiça, dá-se outra coisa em troca para obtê-la. Pode-se ainda incluir aqui a ligação que une um amador e seu amado, um homem bonito e um feio. É porque o que ama parece por vezes ridículo, quando tem a pretensão de ser amado como ama: se ele fosse igualmente amável, a sua pretensão seria sem dúvida justificada, mas se nada tem a oferecer, ela é ridícula.

Mas talvez o contrário não tenda ao contrário por sua própria natureza, mas somente por acidente, tendo o desejo na realidade por objeto o meio-termo, porque este é o que é bom: assim, é bom para o seco não se tornar úmido, mas atingir o estado intermediário, e para o calor e as outras qualidades é a mesma coisa.

## 11

Mas deixemos de lado estas últimas considerações (e, de fato, elas são muito estranhas ao nosso objetivo).

Parece bem, como dissemos no princípio, que amizade e a justiça tenham relação com as mesmas coisas e intervenham entre as mesmas pessoas. De fato, em toda a comunidade, encontra-se, parece, alguma forma de justiça e, também, de amizade coextensiva; os homens também aplicam o nome de amigo aos seus companheiros de navegação e de armas, assim como aos seus associados em outros gêneros de comunidade. E a extensão da sua associação é a medida da extensão da sua amizade, porque determina também a extensão dos seus direitos. Por outro lado, o provérbio "o que os amigos possuem é comum" é bem certo, porque é numa utilização comum que consiste a amizade. Há entre irmãos, assim como entre camaradas, comunidade total, mas para os outros amigos a utilização em comum não se aplica senão sobre determinadas coisas, mais ou menos numerosas, segundo os casos – porque as amizades também seguem mais ou menos as mesmas variações. As relações de direito admitem diferenças: os direitos dos pais e dos filhos não são iguais aos dos irmãos entre si, nem os dos companheiros são os mesmos dos cidadãos; e o mesmo se passa para as outras formas de amizade. Há, conseqüentemente, diferenças também no que concerne às injustiças cometidas em cada uma dessas diferentes classes de associados, e a injustiça adquire uma gravidade excessiva quando se volta mais aos amigos. Por exemplo, é mais chocante espoliar do seu dinheiro um companheiro que um cidadão; mais chocante recusar o seu auxílio a um irmão que a um estrangeiro; mais chocante, enfim, prejudicar o seu pai que a uma outra pessoa qualquer. E é natural que a justiça cresça simultaneamente com a amizade, considerando-se que uma e outra existem entre as mesmas pessoas e possuem uma igual extensão.

Mas todas as comunidades não são, por assim dizer, senão partes da comunidade política. Reúnem-se as pessoas, por exemplo, para viajar conjuntamente com o objetivo de assegurar uma determinada vantagem e dotar-se de algumas das coisas necessárias à vida. E é também em função da vantagem dos seus membros (pensa-se geralmente) que a comunidade política está originalmente constituída e continua a manter-se. E esta utilidade comum é o fim em vista para os legisladores, que consideram justo o que é vantajoso para todos. Assim, as outras comunidades procuram as suas vantagens particulares: por exemplo, os navegadores, navegando juntos, têm em vista o benefício de adquirir dinheiro ou algo análogo; para os companheiros de armas é o saque, quer sejam riquezas, ou a vitória, ou a tomada de uma cidade que eles desejam. E é o caso, igualmente, dos membros de uma tribo ou de um *demo* (certas comunidades parecem ter por origem o consentimento; por exemplo, as que unem os membros de um *thiase*, ou de um círculo no qual cada um paga a sua parte, associações constituídas, respectivamente, tendo em vista oferecer um sacrifício ou manter relações de sociedade. Mas todas essas sociedades parecem estar subordinadas à comunidade política, porque esta não tem por fim o benefício imediato, mas o que é útil para toda a vida), que oferecem sacrifícios e têm reuniões a este respeito, rendendo assim homenagens aos deuses e procurando, ao mesmo tempo, distrações agradáveis para si próprios. De fato, os sacrifícios e as reuniões de origem antiga têm lugar após a colheita dos frutos e apresentam o caráter de uma oferenda de primícias – porque é a estação do ano em que o povo tem o prazer do ócio. Todas essas comunidades são, pois, manifestamente partes de comunidade política, e as espécies particulares de amizades correspondem às espécies particulares de comunidades.

### 12

Há três espécies de constituições e, também, um número igual de desvios, isto é, de corrupções às quais estão sujeitas. As constituições são a realeza, a aristocracia e, em terceiro lugar, a que é fundamentada sobre o censo e, parece, pode receber o qualificativo apropriado de timocracia, ainda que de fato se costume chamá-la vulgarmente de república. A melhor destas constituições é a realeza e a pior, a timocracia. O desvio da realeza é a tirania. Ambas são monarquias, mas se diferem completamente: o tirano visa apenas a sua vantagem pessoal, enquanto o rei visa a dos seus súditos. De fato, não é realmente rei aquele que não é auto-suficiente, isto é, não possui a superioridade em todas as espécies de bens. Porém, o rei, tal como o supomos, não tendo necessidade de algo que já não possua, não terá em vista os seus próprios interesses, mas os dos seus súditos, pois o rei que não possuir estas qualidades não seria senão um soberano designado pela sorte. A tirania é todo o contrário da realeza, porque o tirano persegue o seu próprio bem. E percebe-se muito claramente no caso da tirania que ela é o pior dos desvios, o contrário do que há de melhor, sendo o que há de pior. Da realeza passa-se à tirania, porque esta é uma perversão da monarquia e, por conseguinte, o mau rei torna-se tirano. Da aristocracia passa-se à oligarquia pelo vício dos governantes, que distribuem o que pertence à cidade sem levar em conta o mérito, atribuindo-se a si mesmos todos os benefícios, ou a maior parte deles, e reservando as magistraturas sempre para as mesmas pessoas, não fazendo caso senão da riqueza. Em conseqüência, o governo fica nas mãos de um pequeno número de homens perversos em lugar de pertencer aos mais capazes. Da timocracia passa-se à democracia: elas são de fato limítrofes, porque a timocracia tem também por ideal o reino da maioria em que são iguais todos os que respondem às condições do censo. A democracia é o menos mau dos governos corruptos, porque não é senão um pequeno desvio da forma do governo republicano. Tais são, portanto, as transformações a que as constituições estão especialmente expostas (porque estão nelas mudanças mínimas que se produzem facilmente).

Podem-se encontrar semelhanças dessas constituições, modelos de qualquer espécie, até na organização doméstica. De fato, a comunidade existente entre um pai e seus filhos é do tipo real (porque o pai cuida dos seus filhos; de onde resulta que Homero designe Zeus com o nome de "pai", porque a realeza tem por ideal ser um governo paternal). Entre os persas, a autoridade paternal é tirânica (porque se servem dos filhos como de escravos). Tirânica também é a autoridade do amo sobre os escravos (o lucro do amo é único, sem retribuição). Por isto, se esta última espécie de autoridade aparece como legítima, a autoridade paternal do tipo persa é, ao contrário, incorreta, porque relações diferentes apelam a formas de comando diferentes. A comunidade do marido e da sua mulher parecem ser do tipo aristocrático (o marido exercendo a autoridade em razão da dignidade do seu sexo, e nos assuntos nos quais a mão de um homem deve fazer-se sentir; mas os trabalhos que convêm a uma mulher, ele lhos entrega). Quando o marido estende a sua autoridade sobre todas as coisas, transforma a comunidade conjugal em oligarquia (porque age assim em violação do lugar que ocupa cada esposo, e não em virtude da sua superioridade). Por vezes, no entanto, são as mulheres que governam, quando são herdeiras, mas aí sua autoridade não se exerce em razão da excelência da sua pessoa, mas é devida à riqueza e ao poder, como nas oligarquias. A comunidade entre irmãos é semelhante a uma timocracia (há igualdade entre eles, salvo na medida em que diferem na idade; e é o que faz precisamente com que, se a diferença de idades for considerável, o afeto que os une não tenha nada de fraternal). A democracia encontra-se, principalmente, nos lares sem amo (porque ali todos os indivíduos estão em pé de igualdade) e naquelas nas quais o chefe é fraco e cada um tem licença para fazer o que quiser.

13

Para cada forma de constituição vê-se surgir uma amizade, a qual é coextensiva também às relações de justiça. O afeto de um rei pelos seus súditos reside na superioridade da beneficência, porque um rei faz bem aos seus súditos se, sendo ele próprio bom, cuida deles, visando assegurar sua prosperidade, como um pastor faz com o seu rebanho. De onde resulta que Homero chamou a Agamenon "pastor dos povos". Da mesma natureza é também o amor paternal, o qual, entretanto, se obtém aqui pela grandeza dos serviços prestados, porque o pai é o responsável pela existência do seu filho (o que é considerado, geralmente, o maior dos dons), assim como da sua manutenção e educação; e esses benefícios são atribuídos igualmente aos antepassados. E, de fato, é uma coisa natural que um pai governe os seus filhos, os antepassados os seus descendentes, e um rei os seus súditos. Essas diversas espécies de amizade implicam superioridade "de benefícios de parte de uma das partes", e é a razão pela qual ainda os pais são honrados pelos seus filhos. Em conseqüência, as relações de justiça entre as pessoas de que falamos não são idênticas dos dois lados, mas são proporcionais ao mérito de cada um, como é o caso também do afeto que as une. O afeto entre marido e mulher é o mesmo que se encontra no regime aristocrático, porque é proporcional à excelência pessoal, e ao melhor cabe uma mais ampla parte de bens, cada esposo recebendo o que lhe é exatamente apropriado; e é ainda assim para as relações de justiça.

O afeto entre irmãos assemelha-se ao dos companheiros: são, de fato, iguais e da mesma idade, e todos os que preenchem esta dupla condição têm quase sempre os mesmos sentimentos e o mesmo caráter. Semelhante à afeição fraternal é a que existe no regime timocrático, porque este governo tem por ideal a igualdade e a virtude dos cidadãos, de maneira que o comando pertence a estes últimos, cada um por sua vez, e todos coparticipam em pé de igualdade. Esta igualdade caracteriza também a amizade correspondente.

Nas formas desviadas de constituições, assim como a justiça não tem nelas senão um papel restrito, o mesmo sucede na amizade, que é reduzida a uma função insignificante na forma mais pervertida – isto é, na tirania –, na qual a amizade é nula ou fraca. De fato, não há nela nada de comum entre governante e governado e, também, não há nenhuma amizade, uma vez que não há nem mesmo justiça. É como na relação do artesão com sua ferramenta, da alma com o corpo, do amo com o escravo – todos estes instrumentos, sem dúvida, podem ser objeto de cuidados da parte de quem os utiliza, mas não há amizade nem justiça para com as coisas inanimadas. Mas também não há amizade em relação a um cavalo ou a um boi, nem para com um escravo na sua qualidade de escravo. Neste último caso, as duas partes não têm de fato nada em comum; o escravo é uma ferramenta animada e a ferramenta um escravo inanimado. Enquanto escravo, não se pode ter amizade por ele, mas somente na qualidade de homem, porque no consenso geral existem certas relações de justiça entre um homem, qualquer que seja, e todo outro homem suscetível de ter participação na lei ou ser parte num contrato. Conseqüentemente, pode haver também amizade com ele, na medida em que é um homem. Por conseguinte ainda, enquanto nas tiranias a amizade e a justiça não exercem senão um fraco desempenho, nas democracias, ao contrário, sua importância é extrema: porque há muitas coisas comuns nela em que os cidadãos são iguais.

# Éticas a Nicômaco

## Livro IX

### 1

As matérias que precedem foram exaustivamente estudadas. Em todas as amizades, das diferentes espécies, é a proporcionalidade que estabelece a igualdade entre as partes e preserva a amizade, tal como já estudadas anteriormente. Assim, na comunidade política, o sapateiro recebe pelos seus sapatos uma remuneração proporcional ao valor fornecido, e o mesmo sucede com o tecelão e os demais artesãos. Neste campo, instituiu-se uma medida comum, a moeda, e tal é o padrão a que todas as coisas são referidas, e por meio do qual são medidas. Nas relações amorosas, o que ama queixa-se por vezes de que o seu amor apaixonado não é correspondido, mesmo que tal amante não possua em si nada de amável. Por seu lado, o amado queixa-se freqüentemente de que o outro, que antes lhe fizera todo o gênero de promessas, não cumpre no presente uma só. Estas divergências ocorrem quando o amante ama o amado pelo prazer, enquanto este ama aquele por utilidade, resultando daí que as vantagens esperadas por cada um não se encontram nem num nem no outro. Na amizade com estes fundamentos, dá-se uma ruptura quando os dois amigos não obtêm as satisfações em vista das quais a sua amizade se constitui – não é, com efeito, a pessoa em si mesma que lhes é querida, mas, sim, as vantagens que dela se esperavam, e que nada têm de estável. E é isso que faz com que tais amizades também não sejam duradouras. Ao contrário, a amizade que se assenta na similitude de caracteres, não possuindo outro objeto senão ela própria, é durável, tal como dissemos.

As divergências explodem ainda quando os amigos obtêm coisas diversas daquelas que desejam: uma vez que, em suma, tal significa não obter nada, não alcançar o que tinha em vista.

Conhece-se a história do amante que havia prometido a um tocador de cítara pagar-lhe tanto mais quanto melhor fosse a sua atuação. Pela manhã, quando o citarista reclamou o cumprimento da promessa, o outro retorquiu-lhe que já o havia feito, tendo pago o prazer com o prazer. Realmente, se ambos houvessem desejado o prazer, uma tal solução teria sido satisfatória; mas quando um deseja o divertimento e o outro um ganho material, se o primeiro obtém o que quer, e o outro não, as condições do seu acordo mútuo não são cumpridas como devem ser. Porque a coisa de que, de fato, temos necessidade, é ela também que interessa, e é para obtê-la que estamos dispostos a dar (em troca) o que nós próprios possuímos.

Mas a qual dos dois cabe fixar o preço? Será àquele de quem provém o serviço? Não será antes quem se beneficiou da operação? Porque, enfim, aquele que presta primeiro o seu serviço parece colocar-se, neste ponto, à disposição da outra parte. Assim era, ao que se diz, o procedimento de Protágoras: quando dava lições sobre um assunto qualquer, convidava seu aluno a avaliar ele mesmo o valor dos conhecimentos que havia assim adquirido, e recebia o salário dessa forma fixado. Contudo, nas circunstâncias dessa espécie, alguns preferem limitar-se ao adágio popular: "Que o salário combinado com um amigo (lhe seja prestado)". Mas aqueles que começam por tomar dinheiro, e depois não fazem nada do que disseram, dado o exagero das suas promessas, são objeto de questões bem mais naturais, uma vez que não realizam o que tinham aceitado fazer. Esta forma de proceder é talvez, para os sofistas, uma necessidade, porque ninguém daria dinheiro em troca dos seus conhecimentos. Assim, então, as pessoas a quem pagamos adiantado, se não efetuam os serviços pelos quais receberam o seu salário, suscitam, a justo título, recriminações.

Nos casos em que não há convenção fixando a remuneração do serviço prestado, e nos casos em que se age por puro altruísmo pelo seu amigo, nenhuma recriminação, dissemos, se deve fazer (e, na verdade esta ausência de toda a dissensão caracteriza a amizade fundamentada na virtude). Igual é ainda, parece, a forma de darmos quitação àqueles que nos dispensaram o seu ensino filosófico; porque o seu valor não é mensurável em dinheiro, e nenhuma prova de consideração poderia também pesar na balança com o serviço prestado, mas, sem dúvida, é bastante, como nas nossas relações com os deuses e com nossos pais, pagarmos na medida em que pudermos fazê-lo. Quando, ao contrário, o serviço acordado não apresenta a característica de gratuitidade, antes sendo realizado com objetivo a alguma vantagem correlativa, a melhor solução será, sem dúvida, que a remuneração paga seja a que pareça às duas partes conforme ao valor do serviço. E se o acordo entre as partes não puder ser alcançado, parecerá não apenas necessário, mas justo, que seja a parte que primeiro se beneficiou do serviço a fixar o montante da remuneração, já que a outra parte, recebendo em quitação o equivalente à vantagem conferida ao beneficiário ou ao preço livremente consentido por este último em troca do prazer, perceberá assim do beneficiário o justo preço devido. Para as mercadorias postas à venda, com efeito, é manifestamente ainda dessa maneira que se procede. E em certos países existem mesmo leis que recusam toda a ação judicial para todas as transações efetuadas por livre acordo de vontades, em virtude da idéia de que convém, quando se confia em alguém, pagar-lhe no mesmo espírito que presidiu à formação do contrato. No pensamento do legislador, com efeito, é mais justo entregar a fixação do preço à pessoa na qual depositamos nossa confiança do que naquela que confiou. É que, na maior parte dos casos, o possuidor de uma coisa não lhe atribui o mesmo valor que o que deseja adquiri-la – é um fato notório que cada qual estima num alto preço as coisas que lhe pertencem, bem como aquelas que dá. Não é menos verdadeiro que a remuneração paga é avaliada pelo preço fixado por aquele que recebe a coisa. Mas, sem dúvida, é preciso que este último aprecie a coisa não pelo valor que ela para si representa no momento em que já a possui, mas, ao contrário, pelo valor que ele lhe atribuía antes de a possuir. (...)

7

Os benfeitores amam aqueles a quem fizeram bem mais que aqueles a quem se fez bem amam os que lho fizeram. E como esta é uma verificação contrária a toda a razão, procuramos para ela uma razão de ser.

Aos olhos da maioria, a causa disto se deve a que os obrigados estão na posição de devedores, e os benfeitores na de credores. Acontece, então, como no caso do empréstimo de dinheiro, em que o devedor veria com bons olhos o seu credor sumir, enquanto este, ao contrário, guarda com cuidado pela conservação daquele. Assim igualmente, pensamos, o benfeitor espera que o agradecido permaneça bem vivo a fim de dele recolher reconhecimento, enquanto este último se preocupa pouco em pagar a sua dívida. Epicarmo diria talvez dos que dão esta explicação que "vêem as coisas pelo lado mau", contudo, ela parece bem conforme à natureza humana, tão certo é que os homens têm a memória curta, e mais aspiram a receber que a dar.

Mas pode-se pensar que a causa (do que dissemos) se prende antes de tudo à própria natureza das coisas, e não há nenhuma semelhança com o que se passa no caso do empréstimo. O mutuante não tem, com efeito, em si próprio, nenhuma afeição pelo seu mutuário; deseja apenas a sua conservação a fim de obter o pagamento do que lhe emprestou. Ao contrário, o benfeitor experimenta a amizade e a ligação pela pessoa do que beneficia, mesmo que este não lhe seja minimamente útil nem lhe possa prestar no futuro qualquer serviço.

Com efeito, o caso é exatamente o mesmo com os artistas: têm todos mais amor pela obra produzida pelas suas mãos do que teriam por ela se se tornasse animada. Talvez este sentimento se encontre especialmente entre os poetas, que têm uma afeição excessiva pelas próprias produções. A posição do benfeitor assemelha-se assim à do artista: o ser que de si recebeu bem é a sua obra, e daí que aquele o ame mais que a obra àquele que a fez. A razão disto é que a existência é, para qualquer ser, objeto de preferência e de amor, e nós existimos pelo nosso ato (pois existimos pelo fato de vivermos e agirmos), e ainda que a obra, seja num certo sentido, o seu produtor em ato. A partir deste princípio, o criador ama a sua obra porque também ama a existência. E este é um fato que tem a sua origem na própria natureza das coisas, porque o que o agente é em potência a sua obra o exprime em ato.

Ao mesmo tempo, também, para o benfeitor há alguma coisa de nobre na sua ação, de modo que se alegra com aquilo em que a sua ação reside. Entretanto, para o paciente não há nada de nobre no agente, mas sobretudo algo de útil, e isso é menos agradável e menos digno de amor que o que é nobre.

Três coisas proporcionam prazer: a atividade do presente, a esperança do futuro e a lembrança do passado, porém a mais agradável é a que se prende à atividade, e é também a mais amável. Ora, para o agente que fez bem a sua obra permanece (porque o que é nobre tem vida longa), enquanto, para aquele que o recebeu, a utilidade é fugaz. E a recordação das coisas nobres é agradável, enquanto a das coisas úteis ou não o é, ou é menos. Quanto à esperança, é o inverso que parece ocorrer.

Por outro lado, amar assemelha-se a um processo de criação, e ser amado a uma passividade; e daí se segue que os que possuem superioridade na ação são naturalmente acompanhados pelo amor e sentimentos afetivos.

Acrescenta-se que todo homem ama, antes de mais nada, as coisas que obteve à custa de trabalho; assim, os que adquiriram por si próprios o seu dinheiro dão-lhe mais valor do que aqueles que o receberam por herança. Ora, receber o bem de outrem parece não envolver nenhum trabalho duro, enquanto fazer o bem aos outros exige um esforço. É igualmente por essas razões que as mães devotam aos seus filhos um amor maior que o do pai, porque elas sofreram mais para trazê-los ao mundo e sabem melhor que ele ser a criança o seu próprio filho. Este último ponto parece ser também uma característica própria dos benfeitores.

# LIVRO III

# DO DISCURSO E DO DISCURSO JURÍDICO
(TRECHOS DO LIVRO I DA *RETÓRICA*)

( . . . )

3

Há três gêneros de oratória, porque não há senão três espécies de ouvintes. Três elementos constitutivos são comuns a todo o discurso: aquele que fala, o assunto sobre o qual ele fala e o que ouve. É para este último, o ouvinte, que se destina o objetivo do falar. Ora, é necessariamente preciso que o ouvinte seja ou espectador ou juiz, e que este se pronuncie ou sobre o passado ou sobre o futuro. O que dá parecer sobre o futuro é, por exemplo, o membro da assembléia; o que se pronuncia sobre o passado, o juiz; o que se pronuncia sobre o talento do orador, o espectador. Há, então, necessariamente, três espécies de discursos em retórica: o deliberativo, o judicial e o epidíctico.

Numa deliberação, algumas vezes aconselha-se, outras vezes não; porque aqueles que dão um conselho de interesse particular, ou os que discursam para o povo, numa causa comum, fazem sempre uma ou outra dessas duas coisas. Numa ação judicial, há, de um lado, a acusação; do outro, a defesa – os litigantes cumprem, forçosamente, uma ou outra função. No gênero epidíctico, é ora o elogio, ora a censura.

Há ocasiões para cada gênero. Para o conselheiro, o futuro: é, na verdade, sobre o que acontecerá na deliberação que se aconselha ou desaconselha. Para o litigante, o passado: é sempre sobre os atos praticados que um acusa e o outro se defende. No gênero epidíctico, cabe principalmente o presente: é em conseqüência de acontecimentos contemporâneos que todos os oradores elogiam ou criticam. Mas, muitas vezes, também se tira argumentação do passado, evocando-o, e do futuro, conjecturando-o.

Cada um desses gêneros tem um fim diferente, e, como há três gêneros, há também três fins. Para o que aconselha, o útil e o nocivo, porque o conselheiro apresenta o que recomenda como o melhor; o que desaconselha, aquilo de que pretende dissuadir, como o pior; e todas as outras considerações que se lhe acrescentem estão lá reproduzidas, justas ou injustas, belas ou feias. Os litigantes encaram o justo e o injusto, aos quais acrescentam também tudo o que se lhes refere. Para os que louvam e censuram, os fins são o belo e o feio; a que reduzem, também eles, todo o resto.

Um indício de que cada gênero tem o objetivo que dissemos é que, por vezes, nada se contesta sobre todo o resto. Por exemplo, o litigante nunca contesta sobre a realidade do ato praticado, ou do dano causado; quanto à sua culpabilidade, nunca a confessaria, pois, caso contrário, não haveria lugar para processo algum. Paralelamente, os que aconselham muitas vezes renunciam a falar de outras coisas, mas não saberiam reconhecer que o que aconselham é desvantajoso, ou o que desaconselham útil. Quanto a provar que não há injustiça em reduzir à escravatura os povos vizinhos, mesmo os que não tenham cometido dano algum, muitas vezes eles não curam de tal. Pela mesma razão, ainda, os que louvam e os que criticam não consideram se as ações do seu personagem lhe foram vantajosas ou nocivas; muitas vezes mesmo, eles louvam-no por ter desdenhado o seu interesse pessoal, não obedecendo senão ao dever. Por exemplo, louvam Aquiles por ter vingado o seu amigo Pátroclo, embora soubesse que seria preciso que morresse, podendo manter-se vivo, mas não o fazendo: para ele, uma tal morte era a mais bela, conquanto viver fosse o seu interesse.

Após o que dissemos, é evidente que é necessário, em primeiro lugar, estar na posse das suas premissas sobre estes diversos pontos. Ora, os *tekméria*, as verossimilhanças e os indícios são as premissas da retórica. É uma regra geral que um silogismo se tira das premissas; o entimema é um silogismo que se deduz das premissas acima referidas. Ora, como as coisas impossíveis não podem nem ter sido feitas no passado, nem serem feitas no futuro, porque só as coisas possíveis o podem, e que as coisas irreais, ou irrealizáveis, não podem ter sido feitas no passado ou serem feitas no futuro, o conselheiro, o litigante, o panegirista devem, necessariamente, ter todas as premissas preparadas sobre o possível e o impossível: a coisa pode ter sido feita, ou não, poderá ser feita, ou não?

Além disso, como todos os oradores, quando louvam ou criticam, aconselham ou desaconselham, acusam ou defendem, esforçam-se por demonstrar não somente os pontos acima indicados, mas ainda que o *bom* ou o *mau*, o *belo* ou o *feio*, o *justo* ou o *injusto* são grandes ou pequenos, seja considerando-os em valor absoluto, seja comparando-os entre si. É claro que se necessita ter premissas sobre a grandeza e a pequenez, o mais e o menos, e também o universal e o individual – por exemplo, qual bem, ou qual delito, ou qual ato legítimo é maior ou menor, e assim todo o resto.

Dissemos sobre quais assuntos é necessário que o orador se muna de premissas. Depois disso, devemos caracterizar as premissas peculiares a cada gênero; por exemplo, sobre quais premissas se apóia o conselho, sobre que outras se movimentam os discursos epidícticos e, em terceiro lugar, quais são as respeitantes às ações judiciais.

### 4

É necessário compreender, em primeiro lugar, que espécie de bens ou de males se prestam aos conselhos, uma vez que não são aconselháveis todas as coisas, mas apenas as que são possíveis e impossíveis. Sobre aquelas que acontecem, ou acontecerão inevitavelmente, ou que são impossíveis (seja no presente, seja no futuro), não se saberia deliberar. Jamais poderá haver deliberação sobre todos os possíveis indistintamente, porque há certos bens naturais e fortuitos, podendo sê-lo ou não, sobre os quais não há proveito algum em aconselhar. É evidente que não há utilidade em fazê-lo senão sobre os que são matéria de deliberação. Tais são aqueles cuja natureza nos diz respeito e cujo princípio de produção depende de nós, porque então prosseguimos o nosso exame até termos verificado se nos é possível, ou impossível, realizá-los.

Enumerar exatamente no menor pormenor e repartir em espécies os assuntos sobre os quais os homens costumam deliberar, e, além disso, defini-los segundo a verdade, tanto quanto for possível fazê-lo, tudo isso nem vale a pena pensar na presente circunstância, porque esta pesquisa não é do

73

domínio da retórica, mas de uma arte que exige muita inteligência e comporta muita exatidão. E ainda porque, atualmente, se lhe concedeu um campo muito mais profundo que as especulações que lhe são próprias. O que dissemos mais acima é verdade: a retórica compõe-se de dois elementos, a ciência analítica e a ciência política, relativa aos caracteres; além do que é semelhante, por um lado, à dialética e, por outro, aos discursos sofísticos. Quanto mais alguém se esforçar por organizar a dialética ou a retórica como se faz não às disciplinas práticas, mas às verdadeiras ciências, tanto mais alguém fará, sem se aperceber, desaparecer o caráter natural, e mais, transformando-as assim, estender-se-á pouco e pouco às ciências que têm por matéria objetos determinados, e não somente o discurso.

Mesmo assim, exponhamos agora todas as questões, entre as quais há vantagem em estabelecer uma discriminação, que deixam o campo livre às pesquisas da ciência política.

Os mais importantes temas sobre os quais deliberam todos os homens e com relação aos quais falam todos os que aconselham, são, pode-se dizer, em número de cinco: rendimentos, guerra e paz, e, além disso, proteção de território, importação e exportação, legislação.

Aquele que quer dar conselhos sobre os rendimentos deverá conhecer os recursos da sua cidade, a sua natureza e a sua quantidade, a fim de fazer reunir os que faltam e aumentar os que são insuficientes, como também todas as despesas da sua cidade, a fim de fazer suprimir as supérfluas e diminuir as excessivas. Porque não se enriquece somente aumentando seus bens, mas também diminuindo suas despesas. A experiência das finanças do seu país não chega para se obter uma visão de conjunto; é preciso ainda, para dar conselhos autorizados nessas matérias, fazer uma investigação histórica sobre os procedimentos nos países dos outros povos.

No tema da guerra e paz, é preciso conhecer a força militar da sua cidade: as forças que já possui e as que lhe é possível alcançar; a natureza das forças atuais e as que poderia juntar-lhe; e, por outro lado, que guerras a cidade suportou e com que sucesso.

É fundamental ter esses conhecimentos sobre a sua própria cidade e, também, sobre as cidades vizinhas. É preciso ainda saber em que povos se pode confiar se houver guerra, a fim de ficar em paz com os mais fortes e de ser mestre na arte de guerrear contra os mais frágeis. É preciso, igualmente, saber se os recursos militares da cidade são semelhantes aos do país vizinho, ou desiguais; porque se pode também, a este respeito, estar em posição de superioridade ou de inferioridade. Para atingir os seus fins, é ainda indispensável fazer um estudo especulativo não somente sobre as guerras feitas pela cidade, mas ainda sobre as guerras feitas pelos outros, e sobre o sucesso que obtiveram; porque é natural que as causas semelhantes tenham efeitos semelhantes.

Por outro lado, no tocante à defesa do país, não se pode ignorar como está defendido, além de conhecer o número e a espécie de tropas que o defendem e a localização das obras de defesa (o que é impossível a quem não conhece o país), a fim de reforçar a defesa, se ela é insuficiente, de diminuí-la, se é excessiva, e estar atento às posições favoráveis.

Em seguida, no tema da alimentação, é preciso saber o montante e a natureza da despesa necessária à cidade, os produtos do seu solo e os que são importados, aqueles que é necessário exportar e importar, a fim de acordar, com os povos que podem recebê-los ou fornecê-los, tratado e convenções. Porque há duas espécies de povos para com quem é necessário ter os cidadãos ao abrigo de toda a censura: os que são mais fortes, e os que são úteis para os fins já citados.

Se é necessária para a segurança a faculdade de estudar especulativamente todas as suas condições, a experiência da legislação não é diferente, porque é sobre a lei que repousa a saúde da cidade. Assim, é indispensável saber quantas formas de constituição há, que condições são favoráveis a cada uma, por quais princípios é comum que essas constituições se corrompam, princípios internos e princípios contrários. Eis o que eu entendo por princípios internos de corrupção: excetuando-se a constituição por excelência, todas as outras se corrompem por relaxamento e por tensão. Por exemplo, a democracia: ela se enfraquece não apenas se relaxando para terminar na oligarquia, mais fortemente ainda declinando. Pela mesma razão, atenuando-se as formas aquilina e achatada do nariz, reaparece o meio-termo; mas, se os narizes são demasiadamente aquilinos, ou achatados, a sua deformação

75

é tal que já não se tem nem mesmo a aparência de narizes. Não é somente útil para legislar, conhecer pelo estudo especulativo do passado qual constituição é útil à cidade, mas ainda que constituições existem nos outros povos e que formas se harmonizam com os seus caracteres. As relações de viagens são, então, manifestamente úteis para a legislação (porque é por elas que se podem compreender as leis dos diversos povos), como as investigações dos que escrevem sobre as ações humanas o são para as deliberações políticas; mas todas estas pesquisas são o móbil da política, não da retórica.

Assim são as mais importantes questões sobre as quais é preciso ter premissas prontas, se se quer estar preparado para dar conselhos.

(...)

**8**

O que há de mais importante e eficiente para poder persuadir e bem aconselhar é conhecer todas as constituições, distinguir os hábitos, as instituições e os interesses. Todos os homens são persuadidos por razões de interesse, e o interesse é o que garante a constituição. Além disso, soberana é a manifestação do corpo soberano; e as manifestações de soberania variam com as constituições – tantas constituições quantas as manifestações de soberania.

Há quatro constituições: democracia, oligarquia, aristocracia e monarquia; por conseguinte, o poder soberano, isto é, o poder que decide em última instância, pertence sempre – seja em parte, seja em totalidade – aos cidadãos.

A democracia é a constituição na qual se partilham as magistraturas à sorte; a oligarquia, segundo o recenseamento; a aristocracia, em razão da educação. Entendo a educação fixada pela lei; são os que permanecem fiéis às instituições que exercem as magistraturas na aristocracia. Vê-se necessariamente neles a *aristê* (excelência, virtude), e é precisamente daí que provém o nome desta constituição. A monarquia é, como o nome o indica, aquela na qual um só homem é senhor soberano de todas as coisas. Apresenta duas formas: a realeza que está submetida a uma certa ordem e a tirania, cujo poder não conhece limites.

O objetivo de cada constituição não deve ser ignorado, porque tudo o que prefere relaciona-se com o fim. O objetivo da democracia é a liberdade; o da oligarquia, a riqueza; o da aristocracia, o que se relaciona com a educação e as instituições; (...) e da tirania, a manutenção do tirano. É claro, então, que é preciso, para cada constituição estabelecida, uma discriminação entre as coisas relativas ao fim, hábitos, instituições, interesses, visto que é ao interesse que cada um se confina para fazer uma escolha. Como as provas são administradas por meio de um discurso não somente demonstrativo, mas também ético (pois concedemos crédito ao orador porque ele exige um certo caráter, isto é, quando ele parece ou virtuoso, ou benevolente, ou ainda ambas as coisas simultaneamente), devemos possuir os caracteres próprios a cada constituição. Portanto, a identidade com o caráter de cada uma é o que há de mais persuasivo para cada um. Esses caracteres serão conhecidos pelos mesmos meios que os caracteres individuais, porque eles se manifestam pela preferência, e esta se regula pelo fim.

Quais objetivos futuros ou presentes é preciso pretender aconselhando, de que premissas extrair as suas provas acerca do útil, e, por outro lado, por que vias e de que maneira alguém se proverá de argumentos sobre os caracteres e as instituições relativas às constituições, já o dissemos na medida permitida de momento – porque tal foi já tratado, com a precisão requerida, na nossa *Política*.

## 9

Dando continuidade, falemos da virtude e do vício, do belo e do feio, porque estes são os alvos de quem louva e critica. Acontece que, tratando esses motivos, poderemos mostrar também as razões pelas quais nos será atribuída uma ou outra qualidade – o que, digamos, constitui a segunda prova. É, na verdade, pelos mesmos meios que nos podemos apresentar como dignos de fé sobre a relação entre a virtude, nós e os outros. E porque acontece muitas vezes que se louva, seriamente ou não, não somente um homem ou um deus, mas também objetos inanimados e o primeiro animal que chegar, é preciso providenciar-se, segundo o método das premissas, sobre esses assuntos. Falemos, portanto, pelo menos a título de exemplo.

O belo é o que, preferível por si mesmo, é louvável; ou o que, sendo bom, é agradável porque é bom.

Se é nisso que consiste o belo, a virtude é necessariamente bela, porque, sendo boa, é louvável. A virtude é, parece, a faculdade de se procurar bens e conservá-los. É também a faculdade de prestar numerosos e importantes serviços, de toda espécie, em todo e qualquer caso.

As componentes da virtude são: justiça, coragem, temperança, munificência, magnanimidade, liberalidade, doçura, bom senso prático e especulativo. As mais importantes são, necessariamente, as mais úteis aos outros, uma vez que a virtude é a faculdade de ser caridoso. Assim, louvem-se, sobretudo, os homens justos e corajosos; a coragem é útil a outrem durante a guerra; a justiça é útil, simultaneamente, durante a guerra e a paz. Vem, em seguida, a liberalidade; porque os que têm esta virtude gastam sem contar e não disputam com ninguém a aquisição do dinheiro, que outros desejam mais do que qualquer outra coisa.

A justiça é a virtude graças à qual cada um possui os seus bens em conformidade com a lei; a injustiça é o vício que nos faz reter o que pertence a outro, contrariamente à lei.

A coragem é a virtude que torna possível as belas ações nos momentos de perigo, como ordena a lei, e os induz a servi-la, e a covardia é o contrário.

A temperança é a virtude graças à qual se está com relação aos prazeres do corpo, na disposição do espírito (no *habitus*) requerida pela lei; o desregramento é o contrário.

A liberalidade é a tendência para a generosidade no que concerne ao dinheiro; a avareza é o contrário.

A magnanimidade é a virtude que possibilita grandes benefícios – a pequenez da alma é o contrário.

A munificência é a virtude que produz a grandeza nas despesas; a pequenez e a mesquinhez são os contrários.

O bom senso prático é a virtude da inteligência, que possibilita aconselhar bem sobre os bens e os males acima referidos tendo em vista a felicidade. (...)

A respeito da virtude e o vício em geral e suas partes, já falamos bastante; quanto ao resto, não é coisa difícil de ver.

É, de fato, evidente que tudo aquilo que pode gerar a virtude é, necessariamente, belo (porque isso tende para a virtude), assim como tudo o que provém da virtude – tais são os indícios e as obras da virtude.

Uma vez que os indícios – e tudo o que apresenta o caráter de obras ou atributos inseparáveis do bem – são belos, segue-se necessariamente que tudo o que é ato ou indício de coragem, ou ação feita corajosamente, é belo. Pela mesma razão, os atos justos e as ações feitas justamente (mas isso não é verdade para o paciente; a justiça é, de fato, a única virtude a qual "justamente" não corresponde sempre ao que é belo; quando se é punido, esse "justamente" é mais "feio" que se fosse "injustamente"). Paralelamente, dá-se ainda o mesmo no domínio das outras virtudes.

Os atos cujo preço é a honra são belos, aqueles que seguem a honra mais do que o dinheiro também o são. Entre os atos que podem ser objeto de preferência, contam-se os que não são praticados em benefício próprio, os que são bons absolutamente e, ainda, os que se fazem pela Pátria, desprezando o seu interesse particular. Também são belos todos os bens concedidos pela Natureza e que não são limitados ao indivíduo porque estes últimos têm um fim interessado. E todos aqueles que é possível possuir depois da morte, preferentemente a serem possuídos em vida; porque estes da vida têm um fim mais interessado. E todas as obras feitas em consideração para com outros, porque são mais desinteressadas. Todos os sucessos obtidos para outrem e não para si próprio. Os que se obtém para os nossos benfeitores, porque são atos de justiça. O atos de beneficência, porque são desinteressados. Os atos contrários a estes são vergonhosos – vergonhosos, quer por palavras, ações e intenções. É assim que, aos versos de Alceu: "Eu queria fazer uma confissão, mas a prudência me detém", Safo respondeu com estes: "Se tu tivesses um nobre e belo desejo, se a tua língua não misturasse tudo para mascarar uma inconveniência, a vergonha não encheria os teus olhos; tu terias falado francamente de uma coisa justa".

As coisas a respeito das quais se sente angústia, mas não medo, sentimento que se experimenta para os bens que interessam à reputação.

As virtudes daqueles que a Natureza colocou numa posição mais elevada são mais belas; os seus atos também. Por exemplo, as virtudes e os atos do homem são mais belos que os da mulher. As virtudes mais lucrativas aos outros que a nós próprios: é o que faz a beleza do que é justo e da justiça. Vingar-se dos seus inimigos, em lugar de conciliar, porque pagar-se na mesma moeda é justo. O que é justo é belo, e o homem corajoso não quer perder. Vitória e honra são coisas belas; são de fato coisas invejáveis, por isso infrutuosas e testemunham uma virtude superior. Belos, os atos memoráveis; mais belos os que são mais dignos de memória. Os atos que nos sobrevivem; os que têm como conseqüência as honras; os que são extraordinários; os que não pertencem senão a nós são mais belos, porque são mais memoráveis. Os bens inúteis: porque convêm mais ao homem livre. Os costumes de cada povo, e todos os indícios daquilo que o favorece. Por exemplo, na Lacedemônia é belo usar os cabelos compridos: é o símbolo de um homem livre – de fato, não é fácil, quando se usam os cabelos compridos, trabalhar em serviços próprios de servos. É belo não trabalhar em ofício mecânico, porque um homem livre não vive para outrem.

É preciso também para o elogio, como para a crítica, tratar como idênticas às qualidades existentes, aquelas que lhes estão muito próximas. Por exemplo, representar o circunspecto como frio e intrigante; o simples como honesto; o insensível como calmo, e em cada caso fazer, entre as qualidades próximas, a escolha mais lisonjeira. Por exemplo, fazer do violento e do furioso um homem sem rodeios; do arrogante um homem de grande ar e admirável; representar os que são excessivos como possuindo as virtudes correspondentes. Por exemplo, fazer do temerário um corajoso; do pródigo um liberal; é no que a maior parte das pessoas acredita. E, ao mesmo tempo, pode-se deduzir da causa uma conclusão paralógica, porque, se um homem tende a expor-se sem necessidade, parecerá muito mais disposto a fazê-lo quando tal for belo. E, se ele tem a mão aberta para os que primeiro chegarem, tê-la-á também para os seus amigos; é, de fato, o excesso de uma virtude ser benemérito para com todo mundo.

É necessário ainda estar atento ao auditório perante o qual se pronuncia o elogio – como dizia Sócrates, não é difícil louvar Atenas perante os atenienses. É preciso falar do que acontece, sem malícia, junto a cada auditório; por exemplo, dos citas, dos laconianos ou dos filósofos. E até mesmo, em geral, é preciso elevar a qualidade avaliada à categoria das coisas belas, já que a coisa favorável é, crê-se, vizinha da beleza. E também tudo aquilo que, para cada um, está relacionado com a semelhança. Se, por exemplo, os seus atos são dignos dos seus antepassados e dos seus feitos anteriores, porque acrescentar uma herança honrosa é igualmente favorável à felicidade e ao belo. Da mesma maneira, se o ato é melhor e mais belo do que se deveria esperar da parte do agente. Por exemplo, se, durante a boa fortuna, ele se mostra comedido e, no infortúnio, magnânimo, ou se, subindo na vida, se torna melhor e mais conciliador. É o sentido da palavra da Ifícrato: *"Donde parti e aonde me elevei"* (!) E a do olímpico: *"Anteriormente, tendo sobre as espáduas a rude canga..."*; e a de Simónides: *"Filha, mulher e irmã de tiranos".*

Como o elogio se tira das ações e como o natural do homem honesto é agir por escolha, é preciso esforçar-se por demonstrar que o agente agia voluntariamente. É também útil mostrar que ele agiu da mesma maneira numerosas vezes; é necessário interpretar, ainda, as coincidências e os acasos como atos intencionais, porque, quando se praticam várias ações semelhantes, elas parecerão indícios de virtude e de intenção.

O elogio é um discurso que ilumina a grandeza de uma virtude. Deve, pois, demonstrar que as ações são virtuosas. O elogio assenta sobre os atos (as circunstâncias concorrem para a persuasão; por exemplo, a nobreza e a educação: é verossímil que de pais bem nascidos nasçam bons filhos e que o caráter corresponda à educação recebida). É por isso que também fazemos o panegírico dos homens que trabalharam. Os atos são os indícios do *habitus*; desse modo, poderíamos fazer o elogio de um homem que não teria cometido belas ações se nos tivéssemos assegurado de que o seu caráter garante ser capaz de realizá-las. A "beatificação" e a "felicitação" são idênticas uma à outra, mas diferentes das precedentes. Da mesma maneira que a felicidade encerra a virtude, a "felicitação" compreende os casos que precedem.

O elogio e os conselhos são de uma espécie comum; se o

domínio dos conselhos permanece o mesmo e a forma não é mudada, tornam-se panegíricos. Portanto, como sabemos que ações deve cumprir e que caráter deve ter, é preciso, falando sobre esse domínio, mudar a expressão e convertê-la; dizer, por exemplo, que não é preciso aproveitar-se do que se deve à fortuna, mas apenas do que se deve a si mesmo. O que é dito nestes termos equivale a um conselho; far-se-á um elogio dizendo: ele não se aproveitou do que devia à fortuna, mas a ele próprio. Quando, portanto, quereis aconselhar, vede o que podereis louvar. A expressão será necessariamente contrária quando a uma defesa se substitui o que não é uma defesa.

É preciso também empregar vários meios de amplificação: por exemplo, se o agente era o único; ou o primeiro a agir; ou se uns poucos mais agiram da mesma maneira; ou, ainda, se ele agiu em mais ampla medida que os outros – porque todas estas circunstâncias são belas. De igual modo, as considerações tiradas dos tempos e da ocasião, e isso quando elas mostram o que a ação tinha de imprevisto. E o sucesso repetido de uma mesma ação, porque, então, ela pode parecer importante e devida não à fortuna, mas à iniciativa do agente. E, ainda, os encorajamentos e as honras que têm sido imaginadas e instituídas por causa dele. Louvável é ainda aquele em honra de quem foi feito o primeiro panegírico, como Hippolocos ou uma estátua erigida na "ágora", como Harmodins e Aristogiton. De igual modo, para os contrários. Se o agente não oferece, por si mesmo, matéria bastante ampla, é preciso compará-lo com outros; é o que fazia Isócrates, porque não estava habituado a litigar em justiça. Mas esta comparação deve ser feita com homens famosos, porque se presta à ampliação e à beleza se faz parecer o autor melhor que os homens de mérito. A ampliação entra, logicamente, no elogio, porque consiste em mostrar uma superioridade – e toda superioridade é bela. Se, todavia, não se pode comparar o seu personagem aos homens famosos, pelo menos se deve colocá-lo em paralelo com os outros, já que a superioridade parece denunciar a virtude.

Em geral, entre as formas comuns a todos os gêneros oratórios, a amplificação é a mais apropriada ao gênero epidíctico, porque tem por assunto ações sobre as quais toda a gente está de acordo. Nada mais resta, portanto, que atribuir-lhe importância e beleza. Os exemplos convêm ao gênero deliberativo, porque é depois do passado que auguramos e conjecturamos o futuro. Os entimemas são próprios do gênero judiciário; é o ato sobre o qual a luz não é feita e que admite sobretudo a pesquisa da causa e a demonstração.

Aí estão as fontes para quase todos os elogios e todas as críticas, as considerações que é preciso ter em vista para elogiar e censurar, as fontes dos panegíricos e das invectivas. Uma vez estas noções adquiridas, as contrárias são evidentes; a censura deduz-se, na verdade, das razões opostas.

## 10

A respeito da acusação e da defesa, de quantas e de que espécies de premissas se devem extrair os silogismos, é o que temos de tratar em seguida. É necessário considerar três coisas: primeiramente, a natureza e o número de razões pelas quais se comete injustiça; em segundo lugar, os *habitus* no meio dos quais ela é cometida; finalmente, segundo os caracteres e os *habitus* das pessoas para com as quais ela é cometida. Antes de nos aprofundarmos, definamos o ato injusto.

Admitimos que o ato injusto consiste em prejudicar, voluntariamente, em violação da lei. A lei é ora particular, ora comum. Por lei particular, entendo a lei escrita, que rege cada cidade; por leis comuns, as que, sem serem escritas, parecem ser reconhecidas pelo consentimento geral.

As ações voluntárias são as que se cumprem sabendo-se o que se faz e sem coação de espécie alguma. As ações voluntárias não podem resultar de uma preferência; mas todas as ações, provindo de uma preferência, são conscientes, porque ninguém ignora o que prefere.

As causas pelas quais se intenta prejudicar e cometer vilanias, em violação da lei, são o vício e a intemperança, porque aqueles que têm um ou mais vícios são, por acréscimo, injustos com relação ao objeto do seu vício. Por exemplo, o avaro pelo dinheiro, o imoderado pelos prazeres corporais, o efeminado pelas suas comodidades, o covarde pelos perigos (porque os covardes abandonam, por medo, seus camaradas em pleno perigo), o ambicioso por causa das honrarias, o violento pela cólera, o que gosta de vencer pela vitória, o vingativo pela vingança, o imprudente porque se engana sobre o justo e o injusto, o impudente porque desdenha a opinião. E é o mesmo com todos os outros, cada um com relação ao objeto do seu vício.

Mas todos estes pontos são evidentes: uns, pelo que se disse acerca das virtudes; os outros, pelo que será dito das paixões. Resta-nos expor a que fins, a que *habitus* e, para com os homens, que tipos de injustiça se cometem.

Diferenciemos, primeiramente, as impulsões e as repulsões às quais obedecemos, quando empreendemos ser justos. É claro que o acusador deve procurar no seu adversário o nome e a qualidade das impulsões, que usam todos os homens na injustiça contra o seu próximo, e o defensor deve, ao contrário, mostrar a qualidade e o número destas impulsões que lhe são estranhas. Ora, as causas de todas as ações humanas são umas exteriores, outras interiores ao agente. Quando o agente não é, ele próprio, a causa, a ação é devida ora à fortuna, ora à necessidade; e esta necessidade é ora a violência, ora a Natureza. Por conseguinte, todas as ações cuja causa é exterior ao agente provêm umas da sorte, outras da Natureza e outras ainda do medo.

As ações cuja causa é interior, e cujos agentes são responsáveis, são devidas umas ao hábito, outras à impulsão, sendo esta ora refletida, ora irrefletida A vontade é a impulsão para um bem (porque não se quer senão aquilo que se crê ser um bem); as impulsões irrefletidas são a cólera e o desejo. Todas as ações têm, portanto, necessariamente, sete causas: sorte, Natureza, medo, hábito, reflexão, cólera e desejo. Distinguir, além disso, as ações segundo a idade, ou os *habitus*, ou por quaisquer outras razões, seria supérfluo; acontece, de fato, os jovens serem coléricos ou cúpidos, mas não o é a sua juventude, que os acicata, mas a cólera ou a avidez. A riqueza e a pobreza não são, assim, responsáveis pela ação. Pode acontecer aos pobres desejarem dinheiro, porque lhes faz falta; aos ricos desejarem os prazeres supérfluos, porque podem obtê-los; não são, portanto, a riqueza e a pobreza, mas o desejo que os faz agir. Paralelamente, os justos e os injustos – e todos os que, digamos, agem conforme os seus *habitus* – agirão pelas mesmas razões acima indicadas; eles agirão ou por cálculo, ou por paixão. Mas caracteres e paixões honestas farão agir uns; caracteres e paixões contrárias farão agir os outros. Pode acontecer que, todavia, uns outros *habitus* tenham outras conseqüências. Como, por exemplo, em casa do moderado, a temperança tem como conseqüência opiniões e desejos honestos sobre as coisas agradáveis; e com os imoderados, a intemperança tem seqüelas prejudiciais no que diz respeito a esses mesmos assuntos.

Deixemos, então, de lado essas distinções e examinemos quais seguimentos têm habitualmente as diversas qualidades das pessoas. Sem dúvida, se se é branco ou preto, grande ou pequeno, isso não implica, naturalmente, conseqüência alguma de que falamos; mas se se é jovem ou velho, justo ou injusto, há uma diferença. Em geral, são, portanto, todas as contingências que fazem modificar os caracteres humanos; por exemplo, as diferenças entre estes será sensível, conforme cada um se crê rico ou pobre, afortunado ou desafortunado. Trataremos destes pontos mais tarde; por ora, falamos primeiramente de outros.

São devidos à sorte todos os fatos cuja causa é indeterminada, que não se realizam visando um fim, nem sempre, nem a maior parte das vezes, nem regularmente – caracteres que resultam à evidência da definição da sorte.

São naturais aqueles fatos cuja causa é interna e regular, porque se produzem sempre, ou na maioria das vezes, da mesma maneira. Para os atos contrários à Natureza, não há nenhuma necessidade de precisar se se produzem em conformidade com uma certa causa natural ou outra; a sorte pode assim parecer a causa de tais atos.

São devidos a constrangimentos aqueles atos que os próprios agentes realizam contrariados ou contra os seus cálculos.

É devido ao hábito tudo o que se faz por ter sido feito muitas vezes.

São devidos ao cálculo aqueles bens acima enumerados que parecem ser úteis, ou como fins, ou como meios de atingir um fim, quando se realizam porque são úteis, já que há certos

atos que o desconhecido cumpre por causa da sua utilidade, não por esta utilidade, mas para seu prazer.
Os atos de vingança são causados pela violência e a cólera.
Há uma diferença entre a vingança e o castigo: este tem por fim o paciente. Em que consiste a cólera, ver-se-á quando tratarmos das paixões.
É feito por prazer tudo o que é manifestamente agradável. O costume e o habitual contam entre as coisas agradáveis, porque muitos atos que não são naturalmente agradáveis fazem-se com prazer, quando se lhes está acostumado.
Em resumo, todos os atos que têm a sua causa em nós mesmos são ou parecem ser bons, são ou parecem ser agradáveis. E, como fazemos voluntariamente os que têm a sua causa exteriormente a nós, pode-se dizer que todos os atos voluntários são bons na realidade ou em aparência, ou agradáveis na realidade ou em aparência. Eu conto no número dos bens a libertação dos males reais ou aparentes, ou a troca de um mal maior por um menor (porque são coisas preferíveis); e, paralelamente, no número das coisas agradáveis, a libertação das coisas incômodas em realidade ou em aparência, ou a troca de penas maiores por menores.
Portanto, é preciso definir o número e a qualidade dos atos úteis e dos atos agradáveis. Ora, nós falamos, anteriormente, do útil, tratando do gênero deliberativo; falemos agora do agradável. É preciso, sobre cada ponto, admitir como suficientes as definições que, sem serem rigorosas, não são obscuras.
(...)

**12**

Assim são os objetivos da injustiça; digamos agora em que *habitus* e com que pessoas se comete.
Os homens fazem o mal quando crêem que a sua realização é possível, e lhes é possível, seja porque pensam que o seu ato não será descoberto, ou, se é descoberto, que ficarão impunes; ou, se se deve ser punido, que a punição será menor que o lucro, ou para si mesmos ou para aqueles que têm ao seu cuidado. Que espécies de ações parecem possíveis e quais impossíveis, di-lo-emos seguidamente, porque são lugares-comuns a todos os gêneros de discurso.

Os que acreditam poder cometer a injustiça o mais impunemente são os eloqüentes, homens de ação, com uma grande experiência dos processos, assim como os que têm muitos amigos, ou que são ricos. É sobretudo quando são eles mesmos que estão nas condições acima indicadas que acreditam poder cometer a injustiça. Fora desses casos, quando têm amigos, servidores, ou cúmplices preenchendo essas condições: graças a esses meios eles podem agir sem serem descobertos nem punidos. Do mesmo modo ainda, se são, eles próprios, amigos das suas vítimas ou dos seus juízes, porque entre amigos não se toma nenhuma precaução contra a injustiça, e, por outro lado, chegam a um acordo antes de procederem. Além disso, os juízes são favoráveis aos seus amigos e, assim, ou os absolvem ou lhes inflingem penas ligeiras.

Não se arriscam, de nenhuma maneira, a ser descobertos aqueles cujo caráter é o oposto daquele que se presta às imputações, por exemplo, os fracos com relação às vias de fato, o pobre e feio com relação aos adúlteros. De igual modo, os atos que se efetuam completamente a descoberto e sob os olhares de toda a gente; com efeito, não se toma precaução alguma para preveni-los porque, geralmente, ninguém pensa que alguém possa tentá-lo. E os que são tão grandes e tão graves que ninguém mais ousaria realizá-los, pois desses também não se defendem. É contra as coisas habituais, que todos os homens tomam precauções: injustiças, assim como doenças – mas, contra a doença que ainda não atingiu alguém, ninguém se previne. Pensam poder cometer a injustiça os que não têm nenhum inimigo, ou os que têm muitos. Os primeiros acreditam que não serão descobertos, pelo que não se defendem deles; os outros não são descobertos porque não poderiam acreditar que eles tenham podido empreender algo contra pessoas à sua guarda, e porque têm como meio de defesa que eles não correriam riscos. Os que têm um meio de ocultar sua ação, expediente ou lugar, ou que estão em disposição de espírito inventiva. Os que, se a sua ação não passa mais despercebida, podem afastar o julgamento, ou obter um adiamento; ou que têm meios de corromper os juízes. Os que, se são condenados a uma multa, podem obter o perdão da obrigação de liquidação, ou obter uma moratória. Aquele que, por falta de recursos, nada terá a perder. Aqueles para quem os benefícios são certos, importantes ou imediatos; as penas mínimas inertes, remotas. Aquele para quem o castigo não poderia igualar a vantagem, como, parece, no caso da tirania. Aqueles a quem os delitos produzem ganhos sólidos, enquanto as penas são meras censuras. Aqueles a quem, ao contrário, suas injustiças valem um certo elogio: se lhes aconteceu, por exemplo, vingar ao mesmo tempo um pai ou uma mãe, como foi o caso de Zenão; e se as penas vão além da multa, o exílio, ou alguma sanção do gênero. Porque se comete injustiça por estes dois motivos, ganho e honraria, e nestes dois *habitus*, mas as pessoas não são as mesmas e têm caráter completamente oposto. Os que muitas vezes não foram descobertos, ou punidos, e os que muitas vezes sofreram descréditos; nestes casos, como na guerra, certas pessoas são de caráter tendente a retomar a luta. Aqueles para quem o prazer será gozado imediatamente, a pena sentida mais tarde; ou porque o ganho será imediato, o castigo sofrido mais tarde – é o caso dos imoderados; e a imoderação estende-se a todos os objetos dos desejos impulsivos. Aqueles para quem, ao contrário, a pena ou o castigo devem ser imediatos, o prazer e o lucro mais distantes ou de mais longa duração – vantagem que os moderados e as pessoas mais sensatas perseguem. Aqueles que parecem agir ao acaso, ou por necessidade, ou por natureza, ou por hábito, e em geral parecem cometer um erro, não uma injustiça. Aqueles para quem é possível obter a indulgência. Os que têm alguma necessidade. Pode haver duas espécies de necessidade: necessidade do indispensável, como é o caso dos pobres; necessidade do supérfluo, que é o caso dos ricos. Os que são muito considerados, e os que são muito desconsiderados; os primeiros, porque não serão julgados culpados; os segundos, porque não serão muito mais vítimas de desconsideração.

Estes são os *habitus* em que se empreendem. As pessoas para com quem se cometem as injustiças apresentam as seguintes características: as que possuem aquilo que nos faz falta, ou para as necessidades da vida, ou para o supérfluo, ou para gozo dos sentidos, assim como aqueles que estão mais longe do que os que estão perto de nós – neste segundo caso, a prisão é imediata; no primeiro, o castigo lento, como para os piratas que despojam os calcedônios. Os que não tomam precaução alguma e não se acautelam, mas são confiantes: todas as pessoas que agem na sua ignorância. Os indiferentes: porque é o homem diligente que procede em justiça. Os homens reservados: porque não são combativos para um ganho. Os que foram lesados por muitos, sem nunca reagirem, e que, segundo o provérbio, são uma presa fácil. Os que nunca foram lesados e os que o foram várias vezes: nem uns nem outros se acautelam, dizendo os primeiros para consigo que nunca lhes fizeram mal; os segundos, que não poderiam voltar a fazer-lhes. Os que foram caluniados ou se prestam à calúnia; porque os que estão neste caso preferem não prosseguir, por temor dos juízes e, se prosseguem, não podem convencer os juízes; a este número pertencem os que servem de alvo ao ódio e à inveja. Aqueles contra os quais se pode invocar como pretexto que seus antepassados, ou eles próprios, ou seus amigos, fizeram ou tiveram a intenção de fazer mal ou ao agressor, ou aos seus antepassados, ou àqueles que estão ao seu cuidado – como diz o provérbio, não é preciso mais do que um pretexto para a maldade. Os inimigos e também os amigos: com relação a estes é coisa fácil; com relação àqueles, é agradável. Os que não acionam, ou conciliam, ou não atingem nunca o fim. Aqueles para quem é prejudicial perder o seu tempo a vigiar um processo ou o pagamento de uma multa – por exemplo, os estrangeiros, ou aqueles que se encarecem a si mesmos; estes conciliam de forma barata e abandonam facilmente a demanda.

Aqueles que cometeram numerosas injustiças ou que as sufocaram, porque quase não é culpado de nada, senão de fazer a um outro a mesma injustiça que ele próprio está habituado a praticar – entendo, por exemplo, os golpes suportados por quem tem o hábito de ultrajar. Aqueles que já nos fizeram mal, ou quiseram fazê-lo, ou querem, ou vão fazê-lo seguramente. O ato tem então, ao mesmo tempo, todo o aspecto de alguma coisa agradável e bela, e parece estar perto de não ser delituoso. Aqueles cujo mal dará prazer aos nossos amigos, ou às pessoas que admiramos, ou de quem estamos enamorados, ou que têm poder sobre nós, ou, em geral, cuja autoridade regula a nossa vida. Aqueles com os quais temos tais relações que a nossa conduta a seu respeito pode obter a indulgência – por exemplo, a conduta de Calíope contra Díon; esta maneira de agir parece perto de não ser delituosa. Aqueles contra quem outros atentariam, se não se toma a dianteira, quando se acredita que não é mais possível deliberar; assim, diz-se, Enesidemo enviou o preço da casa de campo a Gélon, que tinha subjugado (...), e tinha assim antecipado o seu desígnio. Aqueles que é preciso prejudicar para poder realizar várias ações justas, quando se pensa que tal será de reparar; assim Jasão da Tessália dizia que é preciso fazer algumas ações injustas para se poder cumprir muitas justas.

É parecido com os delitos que todos os homens, ou muitos, têm o hábito de cometer, porque se acredita que obterão a indulgência. Os delitos que são fáceis de dissimular: aqueles cujo produto se gasta rapidamente, por exemplo, o que se come; ou os objetos que facilmente se fazem mudar de forma, cor, ou composição; ou os que facilmente se fazem desaparecer em numerosos locais – tais são aqueles que se podem facilmente transportar, ou fazer desaparecer em pequenas caixas – e os que nada os distingue e são em tudo semelhantes a vários outros objetos que o delinqüente possuía anteriormente.

Os delitos que as vítimas têm vergonha de declarar, por exemplo, os ultrajes sofridos pelas mulheres com a sua família ou por elas mesmas, ou pelos seus filhos. Os delitos que não poderiam prosseguir sem serem tidos por processualistas como os que têm pouca importância e são desculpáveis.

Eis pouco mais ou menos os *habitus* dos delinqüentes, o caráter dos seus delitos, o das suas vítimas, os motivos que os fazem agir.

## 13

Façamos distinção entre todos os atos contrários e todos os atos que estão em conformidade com a justiça, tomando em primeiro lugar o ponto de partida a saber. Já definimos o justo e o injusto com relação às (duas) leis e em relação às pessoas, de duas maneiras.

Por leis, eu entendo, de um lado, a lei particular, de outro, a lei comum. Por lei particular, a que, para cada povo, foi definida com relação a ele; e esta lei é ora escrita, ora não escrita; por lei comum eu entendo a lei natural. Porque há uma justiça e uma injustiça, com relação às quais todos os homens têm como que um pressentimento e cujo sentimento lhes é natural e comum, mesmo quando não existe entre eles comunidade alguma, nem contrato algum; é, evidentemente, por exemplo, aquilo de que afirma Antígona de Sófocles, quando diz que era justo infringir a proibição e sepultar Polinices, porque isso era um direito natural – lei que não é de hoje nem de ontem, que é eterna e de que ninguém conhece a origem.

É também nisto que Empédocles se apóia para proibir matar um ser animado, porque não se pode pretender que este ato seja justo para alguns e não o seja para outros. Mas a lei universal estende-se em todos os sentidos, através do éter, que reina ao longe, e também na terra imensa, e, como o diz Alcidamas na sua *Messeniana* [...]

Com relação às pessoas, dois casos foram distinguidos: com relação à comunidade ou a um só dos seus membros, distinguiu-se o que se lhe deve fazer e do que se deve abster. Assim, podem realizar-se duas espécies de atos injustos e de atos justos, seja contra um membro único e determinado, seja contra a comunidade. Por exemplo, o que comete um adultério agride, comete um delito contra um determinado membro; aquele que se recusa a fazer campanha comete um delito contra a comunidade.

Todos os crimes ficam assim distinguidos em: visando a comunidade de um membro, ou um grupo de membros. Retomemos, antes de prosseguirmos a nossa definição de injustiça sofrida. Sofrer a injustiça é sofrer atos injustos cumpridos voluntariamente pelo agente. Porque, precedentemente, definimos o ato injusto como um ato voluntário.

Uma vez que, necessariamente, a pessoa lesada suporta um prejuízo, e suporta-o contra a sua vontade, vê-se claramente pelo precedente em que consistem os prejuízos. As ações boas e as ações más foram mais acima definidas em si mesmas, e dissemos que são voluntárias quando são cumpridas com perfeito conhecimento de causa. De onde se conclui, necessariamente, que todos os danos interessam ou à comunidade ou ao indivíduo, que o agente atuou contra a sua vontade ou por ignorância e contra a sua vontade, ou de seu grado e conscientemente e, neste último caso, seja intencionalmente, seja sob o efeito da paixão.

Falaremos do ódio ao tratarmos das paixões; dissemos, precedentemente, que atos são intencionais e que *habitus* supõem. Como freqüentemente acontece que o avisado reconhece o ato, mas não a qualificação que lhe é dada, ou o delito que implica esta qualificação, que ele reconhece (por exemplo, haver tomado, mas não roubado; ferido primeiro, mas não ultrajado; haver tido relações íntimas com uma mulher, mas não cometido adultério; ser o autor de um roubo, mas não de um roubo sacrílego – porque o objeto roubado não pertencia a um deus; ter invadido uma terra, mas não uma propriedade pública; ter conferenciado com o inimigo, mas não traído), é preciso, por todas essas razões, dar as definições diferenciais de roubo, ultraje, adultério, a fim de ser possível, quando quisermos mostrar que o delito existe, ou não existe, elucidar as questões de direito. Ora, em todos esses casos, a discussão leva a esta conclusão: a ação é injusta e desonesta, ou não é injusta? É, de fato, a intenção que faz a maldade e o ato injusto. Ao mesmo tempo que o ato, as denominações deste gênero significam a intenção, por exemplo, as denominações de ultraje e de roubo; porque ultrajar não é em todos os casos magoar para um fim determinado, por exemplo, as denominações de ultraje e de roubo; porque ultrajar não é em todos os casos magoar para um fim determinado, por exemplo, a desonra daquele que se atinge ou para regozijo próprio. Tomar em segredo nem sempre é roubo; é preciso querer prejudicar (àquele de quem se apropriou) e apropriar-se do objeto. Existem outros casos como estes.

Há, afirmamos, duas espécies de atos justos e de atos injustos (uns estão escritos na lei, outros não) – tratamos daqueles de que as leis falam. Aqueles a que estas não se referem são de duas espécies: por um lado, são os que representam o mais elevado grau da virtude e do vício, e aos quais se aplicam as censuras e os elogios, as marcas de desprezo e as honras, as gratificações. Por exemplo, ser reconhecido para com o seu benfeitor, fazer-lhe um serviço em recompensa do que ele nos fez, ser prestativo para com seus amigos, e todos os atos do gênero; por outro lado, existem os que respondem a uma lacuna da lei particular e escrita.

O eqüitativo parece ser o justo, mas é o justo que ultrapassa a lei escrita. As lacunas desta são, algumas vezes, queridas pelos legisladores, outras vezes, involuntárias: involuntárias, quando o caso lhes escapa; voluntárias, quando não podem definir o caso, o que os força a empregar uma fórmula geral, a qual não é universal, mas aceitável na maioria dos casos. Tais são ainda todos os casos difíceis de determinar, visto o seu número ser infinito. Por exemplo, defendendo o ferir com o ferro, não se pode precisar a grandeza e a forma desse ferro, porque a vida não bastaria para enumerá-los a todos. Se o número de casos é infinito, e todavia é preciso legislar, é forçoso falar no geral. Por conseguinte, se se leva um anel de ferro quando se levanta a mão para alguém e se bate, cai-se na alçada da lei escrita, e se é culpado; mas, na verdade, não o é, e é nisso que consiste o eqüitativo.

Se a eqüidade é como acabamos de dizer, vê-se claramente quais as espécies de atos que devem ser apreciados segundo a eqüidade, quais os que não o devem ser e também que espécies de homens não têm direito a ela. Os atos que é preciso excluir dependem da eqüidade; não é preciso considerar dignos da mesma sanção os erros e os delitos, assim como os azares. Denominamos assim os atos contrários aos nossos cálculos, mas sem maldade; erros, os que, mesmo sendo previstos, não são inspirados pelo vício; delitos, os que são ao mesmo tempo calculados e viciosos, porque aqueles que tiveram por causa a cobiça têm por origem o vício.

Ser eqüitativo é ser indulgente para com as fraquezas humanas; é considerar não a lei, mas o legislador; não a letra da lei, mas o espírito de quem a fez; não a ação, mas a intenção; não a parte, mas o todo; não o que é previsto atualmente, mas o que foi sempre ou a maior parte do tempo. É preciso também lembrar o bem que nos foi feito, mais do que o mal; os benefícios que recebemos, mais do que os prestados. É saber suportar a injustiça. É consentir que um litígio seja decidido mais pela palavra do que pela ação, preferir remeter-se a uma arbitragem, mais do que a um julgamento dos tribunais; porque o árbitro não foi, aliás, inventado senão para dar força à eqüidade.

Estas definições sobre os atos que sejam da competência da eqüidade devem ser suficientes.

## 14

Um crime é tanto mais grave quanto resulta de uma injustiça maior. É a razão por que os pequenos crimes podem ter uma grande gravidade: tal como aquele de que Calístrato acusava Melanopos, que tinha feito perder, aos construtores de um templo sagrado, três óbolos consagrados. Para a justiça, é o contrário. Ora, estes crimes graves estão potencialmente nos pequenos delitos, porque aquele que rouba três meios óbolos consagrados poderia também cometer não importa que crime. Decide-se, portanto, da gravidade do delito ora desse ponto de vista, ora mediante a extensão do prejuízo. Também para o delito para o qual não há pena equivalente, sendo toda a pena demasiado branda. Aquele para o qual não há solução, porque é difícil, até mesmo impossível de reparar. Aquele que não é possível à vítima fazer punir em justiça, porque é irremediável. O julgamento e o castigo são, de fato, remédios. Se o paciente, isto é, o que sofreu a injustiça, é, ele próprio, severamente castigado, é justo, na verdade, que o autor sofresse um castigo ainda maior. Por exemplo, Sófocles falando no caso de Euktémon, que se matou em seguida a um ultraje, diz que não atribuiria (ao culpado) uma pena menor do que a vítima aplicou contra si mesma.

O crime que um só cometeu, ou o primeiro, ou o que poucas pessoas cometeram. A repetição freqüente de uma falta (agrava-a). O delito para o qual se procuraram e inventaram meios preventivos de penas: por exemplo, em Argos, há uma pena para aquele por causa de quem uma lei foi feita e para aqueles por causa de quem a prisão foi edificada. O crime mais bestial é mais grave. De igual modo, o crime mais prolongadamente premeditado. Aquele cuja narração inspira mais temor que piedade.

As amplificações que a retórica pode aplicar são as seguintes: o prevenido suprimiu, ou infringiu, muitas vezes obrigações, por exemplo, juramentos prestados, mãos direitas apertadas, garantias de fidelidade, casamentos com estrangeiras; assim, um só delito se multiplica em vários. Agravamento de praticar o delito no lugar onde são castigados os delinqüentes, o que é o caso dos falsos testemunhos: onde não cometeria ele o crime, se ousou cometer um precisamente no tribunal? Aqueles aos quais se liga a maior vergonha. O delito contra um benfeitor, a injustiça é mais grave: fez-se o mal ao seu benfeitor e não se fez o bem que se deveria.

Mais grave o que é contrário à lei não escrita; porque é próprio de um melhor caráter ser justo, sem que a necessidade a isso obrigue. Ora, as leis escritas se prestam a um outro argumento: aquele que temíveis conseqüências e penas não fazem parar cometeria também delitos que a lei não punisse. Isto é o que afirmamos sobre a maior ou menor gravidade do delito.

## 15

Em seqüência do que vimos a expor, vamos falar rapidamente das provas que chamamos extratécnicas. Estas são particulares aos discursos judiciários. Há cinco: textos de leis, depoimento de testemunhos, convenções, declarações sob tortura, juramento das partes.

Tratemos, primeiramente, das leis, o uso que delas se deve fazer (quer aconselhando, quer desaconselhando), acusando e defendendo-se.

É evidente que, se a lei escrita é desfavorável à nossa causa, é preciso fazer recurso à lei comum, às razões mais eqüitativas e mais justas. É preciso dizer que "no melhor espírito" (justo) significa não aplicar com rigor as leis escritas; que o eqüitativo demonstra sempre e jamais muda, assim como a lei comum, a qual é conforme à Natureza, enquanto as leis escritas mudam várias vezes. De onde as palavras pronunciadas na *Antígona*, de Sófocles: a jovem se defende dizendo que sepultou o seu irmão contra a lei de Creonte, mas não contra a lei não escrita.

"Lei que não é de hoje nem de ontem, que é eterna...

Estes decretos, eu não devia temer a vontade de homem algum..."

É necessário dizer que, se o justo é verdadeiro e útil, não é como o que parece justo; a lei escrita não é, então, uma lei, porque não cumpre a função da lei. Que o juiz é como o contrasteador da prata, que tem por missão distinguir o mau quilate do verdadeiro justo. Que é de um homem honesto aplicar as leis não escritas, de preferência às escritas, e de preferi-las. É preciso ver se a lei está em contradição com uma lei reputada ou com ela própria. Por vezes, exemplificando, um texto prescreve que todos os contratos conclusos sejam válidos, e um outro proíbe concluir um contrato contrariamente à lei. É preciso ainda ver em que sentido o justo ou o útil poderão conciliar-se e, seguidamente, utilizar a interpretação escolhida. E, se as circunstâncias que motivaram a lei não existem mais, subsistindo à lei, é preciso então diligenciar demonstrá-lo e combater a lei por esse meio.

Ao contrário, se a lei escrita é favorável à causa, é preciso dizer que a fórmula "no melhor espírito" não tem por fim fazer obter uma sentença contrária à lei, mas justificar o juiz do perjúrio, o que significa que ele ignora o significado da lei. Que ninguém prefere o bem absoluto, mas o que é bem para ele. Que não há nenhuma diferença entre não ter lei e não se servir da que se tem. Que em todas as outras artes não há proveito algum a tirar do "mais hábil que o médico"; o erro do médico é menos prejudicial que o hábito de desobedecer a quem manda. Que procurar ser mais sensato que as leis é precisamente o que está proibido nas leis que se citam.

Sobre as leis, estas distinções devem ser suficientes.

Com relação às testemunhas, existem as de duas espécies: os testemunhos dos anciãos e os de fresca data; e, entre estes últimos, os que partilham o perigo e os que são muito fracos.

Entendo por testemunhos de anciãos os poetas e todos os homens ilustres cujos julgamentos são de notoriedade pública; por exemplo, os atenienses tomaram Homero como testemunha no caso da Salamina e, recentemente, os Tenadianos, Periandro de Corinto contra os sigeanos. Clésfon é também favorecido com dísticos elegíacos de Sólon contra Crítias, para dizer que a sua casa estava há muito tempo liberta do desregramento; senão, Sólon não teria composto este verso: "*Diz, peço-te, ao ruivo Crítias para escutar o seu pai*". Estes testemunhos apóiam-se no passado; para o futuro, invocam-se os decifradores de oráculos, como fez Temístocles a fim de aconselhar para travar batalha no mar, citando o "muro de madeira". Os provérbios são ainda, como dissemos, testemunhas; por exemplo, os que dissuadem de se tomar um ancião para amigo apóiam-se no testemunho do provérbio:

"Nunca prestar serviço a um velho"; e os que aconselham a suprimir os filhos após os pais: "Tolo quem, após ter morto o pai, deixa a vida aos filhos".

São testemunhas de fresca data todos os homens notáveis que pronunciaram um julgamento sobre algum assunto; esses julgamentos podem servir aos que contestam sobre os mesmos assuntos; por exemplo, diante dos tribunais. Eubule serviu-se contra Kares das palavras de Platão, contra Arkíbios, que é um mal em progresso na cidade confessar os seus vícios. Da mesma forma, os que partilham os riscos do processo, se se crêem culpados de falso testemunho. As testemunhas deste gênero não depõem senão sobre a realidade do fato: ele esteve (ou não)? É esse, ou não é, o caso? Mas nunca sobre a qualidade do fato: é justo ou injusto, útil ou inútil? Estes, cujo testemunho vem de longe, merecem mesmo grande crédito sobre tais questões. Os mais dignos de fé são os anciãos, porque são incorruptíveis.

Os argumentos referentes aos testemunhos a fazer valer para quem não tem testemunhos são os seguintes: é preciso julgar conforme as verossimilhanças; é esse o sentido da fórmula "no melhor espírito". As verossimilhanças não podem iludir a favor do dinheiro nem podem ser apanhadas em flagrante delito de falso testemunho. Se há testemunhas quando o adversário não as tem, as simples verossimilhanças não poderiam contar em justiça. Ninguém teria necessidade de testemunhos se bastasse o simples discurso para descobrir a verdade.

Os testemunhos têm por objeto: um, o litigante; os outros, o adversário. Uns apóiam-se sobre o fato; os outros, sobre o caráter das partes. É evidente, portanto, que nunca se fica embaraçado para encontrar-se um testemunho útil. Se sobre o fato não podemos produzir um favorável à nossa causa, ou contrário à do adversário, podemos, pelo menos, obter um outro sobre os caracteres, sobre a nossa honestidade ou a vilania do nosso inimigo, ou indiferente, e outras diferenças desse gênero. É preciso extraí-los dos mesmos "lugares" de onde obtemos entimemas.

No caso das convenções, os discursos não podem servir senão para aumentar ou anular o valor, fazê-lo acordar ou recusar crédito. Se elas são a nosso favor, ao torná-las dignas de fé e soberanas; e, se são favoráveis ao nosso adversário, indignas de crédito e sem efeito. Para fazer-lhes conceder ou recusar crédito, os meios a empregar são exatamente os mesmos usados com relação às testemunhas. É do caráter dos signatários, ou dos depositários, que depende a confiança que elas inspiram. Quando as partes estão de acordo sobre a existência da convenção, é uma lei particular e parcial; não são as convenções que fazem a validade da lei, mas são as leis que fazem a validade das convenções legais. Em geral, a própria lei é uma convenção; por conseguinte, aquele que é infiel a uma convenção, ou a anula, ou anula as leis. Por outro lado, a maior parte das transações voluntárias é feita segundo convenções; se, portanto, se tornam ineficazes, suprimem-se as relações dos homens entre si. Todos os argumentos que encontram aqui sua aplicação saltam aos olhos.

Se as convenções nos são contrárias e favoráveis aos adversários, os primeiros argumentos convenientes são os mesmos que nos permitiriam combater uma lei contrária à nossa causa. Seria absurdo acreditar que a obediência às leis não é devida se elas estão malfeitas e se os legisladores se enganaram, e que ela é obrigatória com relação a convenções defeituosas. Em seguida, que o juiz é o árbitro do direito; ele não deve, portanto, considerar a letra de uma convenção, mas o que é mais justo. O direito não se deixa perverter nem por dolo nem por coação (porque é natural), mas as convenções podem ser feitas por surpresa e contra a vontade. É preciso ver, além disso, se elas são contrárias a alguma das leis escritas ou universais e, entre as leis escritas, as do nosso país ou as estrangeiras; depois, se elas estão em contradição com outras convenções posteriores ou anteriores – ou as recentes são válidas e as antigas sem valor; ou as precedentes tinham razão e as últimas estão enganadas; sustentar-se-á uma das opiniões, segundo se queira. É preciso, também, ver o interesse, se está em oposição com o dos juízes, e todos os outros argumentos deste gênero. E, de fato, todas essas razões são igualmente fáceis de descobrir.

As confissões arrancadas pela tortura são testemunhos de uma espécie particular: parecem ser dignas de crédito, porque se lhes acrescenta uma certa coação. Não é então difícil, a este respeito, indicar os argumentos possíveis que permitam, se uns são favoráveis, exagerá-los: até saber que são os únicos testemunhos verídicos. Se nos são contrários e favoráveis ao nosso adversário, pode-se destruir o efeito afirmando contra todo esse gênero de declarações, o que é a verdade: suportando esta coação, revela-se o falso não menos que o verdadeiro; se se tem força para suportá-la até o fim, não se diz a verdade, e mente-se facilmente, para se ver livre mais rapidamente. É preciso, contra tais casos, poder invocar precedentes reais, que os juízes conheçam. (É preciso dizer que as confissões por tortura não são verdadeiras; há muita gente de sensibilidade bem temperada que tem a pele dura como pedra, e pode suportar a tortura com firmeza; enquanto os covardes e circunspectos não têm segurança senão antes de ver os instrumentos da tortura; assim, não há nada na questão que seja digno de crédito.)

No que se refere aos juramentos, podem-se distinguir quatro casos: ou se concede ao adversário prestar o juramento; ou se aceita prestar o juramento; ou não se faz nem uma coisa nem outra; ou se faz uma e se nega a outra; e então concede-se o juramento, sem aceitar fazê-lo, ou aceita-se fazê-lo sem o conceder. Uma outra distinção pode ainda ser feita: o juramento já foi prestado, ou pelo litigante ou pelo seu adversário.

Não se reconhece o juramento porque os homens perjuram facilmente; porque aquele que jurou não se desmente; porque se pensa que, se o adversário não jurou, os juízes condená-lo-ão; pode-se também dizer que o risco de se confiar nos juízes é preferível; porque se tem confiança neles e não no adversário.

Recusa-se, dizendo que é rebaixar o juramento por uma questão de dinheiro; se se era desonesto, ter-se-ia prestado; porque, desonesto por desonesto, vale mais sê-lo por qualquer coisa do que por nada; jurando, ter-se-ia ganho a causa, recusando fazê-lo, não; assim, a recusa pode ter por causa a virtude, não o receio do perjúrio. Podem aqui aplicar-se as palavras de Xenófones: esse desafio não é igual quando feito por um ímpio a um homem pio; é como se um forte provocasse um fraco a dar ou receber socos.

Se se aceita, pode-se dizer, é porque se tem confiança em si mesmo, mas não no adversário. Voltando às palavras de

Xenófones, dever-se-á dizer que assim há igualdade se o ímpio concede o juramento e o homem pio o presta; pode-se acrescentar que haveria contradições em se recusar o juramento numa causa na qual se permita que os juízes prestem um, antes de formarem o seu veredicto.

Se vós concedeis o juramento, direis ser uma prova de piedade, de querer bem-estar com os deuses, e que o vosso adversário não deve necessitar de outros juízes, além de si mesmo; porque lhe proporcionais que seja ele a decidir. Pode-se dizer, também, que haveria contradição em recusar-se o juramento numa causa na qual se ache bem que outros o prestem.

Visualiza-se claramente como é preciso falar em cada caso simples; vê-se também, portanto, como é necessário atuar nos casos conjugados. Por exemplo, se se quer aceitar prestar o juramento, mas não concedê-lo; se se concede, sem querer prestá-lo; se se aceita prestá-lo e concedê-lo; ou se não se quer nem uma nem outra coisa. São estas as combinações dos casos acima expostos; os argumentos serão, portanto, também combinações dos enumerados.

Se se fez uma declaração anterior, sob juramento, que contradisse a presente, é preciso afirmar que não há perjúrio; é a vontade que faz o crime, e o perjúrio é um crime; ora, o que é extorquido pela força e por ardil é involuntário. É forçoso, portanto, concluir que o perjúrio está no espírito, não nos lábios. Mas, se as declarações feitas sob juramento pelo adversário se contradizem, dir-se-á que tudo está subvertido por não se respeitar o que se jurou. É a razão pela qual os juízes prestam também juramento antes de aplicar as leis: "Eles vos exigem ter o vosso juramento, julgando, e eles não o têm". De igual modo sucede com todos os outros argumentos que se podem apresentar por extensão. (Sobre as provas extratécnicas, eis o que deve ser suficiente dizer.)

# LIVRO IV

## DA PRUDÊNCIA
### (TRECHOS DO LIVRO VI DE *ÉTICAS A NICÔMACO*)

# Livro VI

## 5

Uma maneira pela qual poderíamos aprender a natureza da prudência é a consideração de que pessoas dizemos prudentes. É opinião geral que a especificidade do homem prudente é o ser capaz de deliberar corretamente sobre o que é bom e vantajoso para si próprio, não se baseando num ponto de vista parcial (exemplificando, o de saber quais as coisas que apenas são favoráveis à saúde ou ao vigor do corpo), mas, de uma maneira geral, procurando quais são as coisas que, por exemplo, levam a uma vida feliz. Uma prova do que dizemos é o fato de chamarmos também prudente àqueles que o são num domínio determinado, quando são capazes de calcular com justeza tendo em vista alcançar um fim particular digno de prêmio nas espécies de atividade em que não intervém a arte. Daí resulta que, também num sentido geral, será um homem prudente aquele que é capaz de deliberar de uma maneira geral.

Mas nunca deliberamos acerca de coisas que não possam ser diversas do que são, nem sobre aquelas que nos é impossível realizar. Assim, se é verdade que uma ciência é acompanhada de demonstração, mas as coisas cujos princípios podem ser diversas do que são não admitem a dita demonstração (precisamente porque todas admitem essa sua mesma mutabilidade), e se não é possível deliberar sobre as coisas que existem necessariamente, a prudência não poderia ser nem ciência nem arte – não ciência, porque o objeto da ação pode ser diferente do que é; não arte, porque o gênero da ação é diverso do da produção. Resta então para a prudência do ser uma disposição, acompanhada da verdadeira regra, capaz de agir na esfera do que é bom e do que é mau para um ser humano. Enquanto a produção, com efeito, possui um fim diverso de si mesma, não se passa o mesmo com a ação, sendo a boa prática em si mesma o seu próprio fim. Essa é a razão pela qual consideramos que Péricles e as pessoas como ele são homens prudentes, na medida em que possuem a faculdade de se aperceber do que é bom para si próprios e o que é bom para o Homem em geral. E tais são, pensamos nós, as pessoas indicadas para a administração de uma casa ou de uma cidade.

Daqui decorre também o nome pelo qual designamos a "temperança" para significar que ela "conserva" a "prudência", e o que ela conserva é o julgamento de que indicamos a natureza: porque o prazer e a dor não destroem nem falseiam todo e qualquer julgamento – por exemplo, aquele que nos diz se o triângulo tem ou não tem a soma dos seus ângulos igual a dois ângulos retos –, mas apenas implicam os julgamentos que versam sobre a ação. Com efeito, os princípios das nossas ações consistem na finalidade para que tendem os nossos atos. Mas, para o homem corrompido pela atração do prazer ou pelo medo da dor, o princípio não aparece imediatamente, e é incapaz de perceber em vista de que fim e por que motivo deve escolher e levar a cabo tudo o que faz, já que o vício é destruidor do princípio. Em conseqüência, a prudência é necessariamente uma disposição acompanhada de uma regra exata capaz de agir na esfera dos bens humanos.

Por outro lado, na arte podemos falar de excelência, mas não na prudência. E, no domínio da arte, o homem que se engana voluntariamente é preferível ao que o faz involuntariamente, enquanto no campo da prudência é o inverso – aliás, como ocorre com as virtudes em geral. Vê-se assim que a prudência é uma excelência, e não uma arte.

Das duas partes da alma dotadas de razão, uma delas, a faculdade de opinar, terá por virtude a prudência: porque a opinião é relativa ao que pode ser de modo diverso do que é, e o mesmo sucede com a prudência. Todavia, a prudência não é simplesmente uma disposição acompanhada de regra: prova disto é que o olvido pode atingir a disposição deste gênero, enquanto tal não pode suceder com a prudência.

9

Umas das formas do conhecimento será seguramente o bem que é próprio de cada um, mas este tipo de conhecimento é muito diferente das suas outras espécies. E pensa-se comumente que aquele que conhece os seus próprios interesses, e a eles consagra a vida, é um homem prudente, enquanto os políticos se ocupam de uma multidão de negócios. De onde os versos de Eurípedes:

"*Mas como poderei eu ser sábio, eu a quem foi possível viver ao abrigo dos negócios, Simples números perdidos na massa dos soldados, Partícipe da sorte comum?... Porque as pessoas singulares é que fazem mais que as outras...*"

Os que pensam dessa maneira não buscam mais que o seu próprio bem, e crêem que é um dever agir assim. Esta opinião fez nascer a idéia de que tais pessoas são homens prudentes; contudo, a procura de cada um pelo seu próprio bem talvez não seja possível sem economia doméstica nem política. Por outro lado, a forma como se devem administrar os negócios próprios não surge claramente, e exige exame.

O que foi dito é, de resto, confirmado pelo fato de os jovens poderem tornar-se geômetras, matemáticos ou (de todo modo) conhecedores nas disciplinas deste gênero, enquanto não se admite correntemente que possa haver um jovem prudente. A causa disto está em que a prudência tem também relação com os fatos particulares que apenas se nos tornam familiares com a experiência, da qual um jovem sempre se encontra desprovido (porque é à custa de tempo que se adquire a experiência). Poderíamos mesmo perguntar por que é que uma criança, que pode tornar-se um matemático, é incapaz de ser filósofo ou até físico. Não será por que, entre estas ciências, as primeiras se adquirem por abstração, enquanto as outras derivam os seus princípios da experiência, e, neste último caso, os jovens não forjaram nenhuma convicção (na prática), contentando-se com palavras, enquanto as noções matemáticas, ao contrário, possuem uma essência depurada de toda a obscuridade? Acrescentamos que o erro na deliberação pode versar quer sobre o universal, quer sobre o singular; (por exemplo) se se defende que todas as águas pesadas são perniciosas, ou então que tal água determinada é pesada.

105

Que a prudência não é uma ciência, é uma verdade manifesta: ela se refere, com efeito, ao que há de mais particular, como dissemos, já que a ação a levar a cabo é, ela mesma, particular. A prudência, desde logo, se opõe à razão infinita: a razão intuitiva, com efeito, aprende as definições por meio das quais não se pode dar nenhuma razão, ao passo que a prudência é o conhecimento do que há de mais individual, matéria esta que não é objeto de ciência, mas, sim, de percepção da sensibilidade propriamente dita – mas uma percepção da natureza daquela que nos faz perceber que tal figura matemática particular é um triângulo, porque também nesta direção devemos parar no nosso estudo. Mas esta intuição matemática é mais percepção que prudência, e da prudência difere especificamente a intuição.

10

A investigação e a deliberação diferem entre si porque a deliberação é uma investigação que se aplica a uma certa coisa. Devemos também tomar consciência de qual é a natureza da boa deliberação: e ela é uma forma de ciência, ou opinião, ou uma justeza de relance, ou se pertence a qualquer outro gênero diferente.

Ela não é ciência (não se procuram as coisas que se sabem, enquanto a boa deliberação é uma forma de deliberação, e o que delibera investiga e calcula). Mas ela também não é uma justeza do relance, porque esta se verifica independentemente de todo o cálculo consciente, e de uma maneira rápida, enquanto a deliberação exige muito tempo, e diz-se que, se é preciso executar com rapidez o que se deliberou fazer, a deliberação em si mesma deve ser lenta. Uma outra razão: a vivacidade de espírito é uma coisa diferente da boa deliberação: ora, a vivacidade de espírito é uma espécie de justeza de relance. A boa deliberação também não é uma forma qualquer de opinião. Mas, uma vez que aquele que delibera mal se engana, e o que delibera bem delibera corretamente, é claro que a boa deliberação é uma certa retidão. Mas não se pode afirmar a retidão nem da ciência nem da opinião: para a ciência, com efeito, não se pode falar de retidão (e, também, não de erro), e para a opinião sua retidão é verdade; e, ao mesmo tempo, tudo o que é objeto de opinião já é determinado. Mas a boa deliberação também não prescinde do cálculo consciente. Conclui-se, assim, que ela é uma retidão de pensamento porque não é ainda uma asserção, uma vez que a opinião não é uma procura, mas já é uma certa asserção, enquanto o homem que delibera bem ou mal procura qualquer coisa e calcula.

Mas, sendo a boa deliberação uma certa retidão de deliberação, devemos então, antes de mais nada, procurar o que é a deliberação em geral e saber sobre que objeto versa. E sendo a "retidão" um termo com sentidos múltiplos, é claro que não se trata aqui de todo e qualquer tipo de retidão. Com efeito, o homem que não possui a virtude da temperança, e o perverso, se for hábil, conseguirá o que se propõe com o auxílio do cálculo, de maneira que terá deliberado corretamente, enquanto procurava um mal considerável. Ora, admite-se corretamente que haver bem deliberado é em si mesmo um bem, porque é esta espécie de deliberação que é a boa deliberação, a saber, a que tende à obtenção de um bem. Mas é possível obter mesmo o bem por meio de um falso silogismo e conseguir realizar o que é nosso dever fazer, mas não nos servindo do meio que convém, antes com o auxílio de um meio-termo errado. Por conseguinte, este estado em virtude do qual se atinge o que o dever prescreve, mas não usando a via requerida para tal, não é sempre uma boa deliberação. Podemos também chegar ao objeto que se visa por uma deliberação: no primeiro caso, não se trata ainda de uma boa deliberação, a qual é retidão em face do que é útil, e versando quer sobre o fim a alcançar, quer sobre a maneira e o tempo de fazê-lo. Por outro lado, pode-se ter bem deliberado quer em sentido absoluto, quer em relação a um fim determinado. A boa deliberação no sentido absoluto é, desde então, a que conduz a um resultado honesto em face de um fim determinado. Se, assim, os homens prudentes têm por caráter próprio o fato de haver bem deliberado, a boa deliberação será uma retidão no que respeita ao que é útil à realização de um fim, utilidade cuja verdadeira concepção é a prudência ela própria.

# 11

Também a inteligência e a perspicácia – que nos fazem dizer que as pessoas são inteligentes e perspicazes – não são absolutamente a mesma coisa que a ciência ou a opinião (porque, neste último caso, todo o mundo seria inteligente), e também não são, de modo algum, nenhuma das ciências particulares, como a medicina, a ciência das coisas relativas à saúde, ou a geometria, ciência das grandezas. Porque a inteligência não labora nem sobre os seres eternos e imóveis nem sobre nada do que devem, mas apenas sobre as coisas que podem ser objeto de dúvida e deliberação. Assim, debruça-se ela sobre os mesmos objetos que interessam à prudência, embora seja certo que inteligência e prudência não são idênticas. A prudência é, com efeito, diretiva (porque tem por fim determinar o que é nosso dever fazer ou não fazer), enquanto a inteligência é somente judicativa (porque há identidade entre inteligência e perspicácia, entre um homem inteligente e um homem perspicaz).

A inteligência não consiste nem em possuir a prudência nem em adquiri-la. Mas, da mesma forma que "aprender" se diz "compreender" quando se exerce a faculdade de conhecer cientificamente, assim também "compreender" se aplica ao exercício da faculdade de opinar, quanto se trata de emitir um julgamento sobre o que outra pessoa enuncia em matérias de índole prudencial, e por "julgamento" entendo um "julgamento fundado", porque "bem" é a mesma coisa que "fundado". E o emprego da palavra "inteligência" para designar a qualidade das pessoas perspicazes proveio de "inteligência" no sentido de aprender, porque tomamos muitas vezes aprender por "compreender".

Enfim, o que se chama "julgamento" ou "juízo", qualidade segundo a qual dizemos das pessoas que elas possuem um bom julgamento ou juízo, é a correta discriminação do que é eqüitativo. O que bem o demonstra é o fato de dizermos que o homem êquo está sobretudo favoravelmente disposto para com os outros, e que mostrar em certos casos liberalidade de espírito é eqüitativo. E, na liberalidade de espírito, faz-se prova de bom juízo apreciando corretamente o que é eqüitativo; e julgar corretamente é julgar o que é verdadeiramente eqüitativo.

(...)

## 13

(...) No que respeita, enfim, ao fato de que a prudência não nos torna mais aptos a realizar ações nobres e justas, é preciso que relembremos um princípio, que é o seguinte: do mesmo modo que dizemos de certas pessoas que levam a cabo ações justas não serem ainda (e por esse fato) homens justos – como é o caso dos que, por exemplo, fazem o que está prescrito nas leis, quer a contragosto, quer por ignorância, quer por outro motivo, mas não apenas com o fito de realizar a ação (ainda que façam, certamente, tudo o que se deva fazer, e tudo o que o homem virtuoso deve fazer) –, assim também, parece, existe um certo estado de espírito no qual se realizam diferentes ações de forma a se ser um homem de bem, isto é, essas ações são realizadas por escolha deliberada tendo em vista as próprias ações que se realizam. (...)

Vê-se assim claramente, depois do que acabamos de dizer, que não é possível ser homem de bem, no sentido estrito, sem prudência, nem prudente sem virtude moral.

Não é menos verdade que a prudência não detém a supremacia sobre a sabedoria teórica, ou seja, sobre a melhor parte do intelecto, da mesma forma que a arte médica não tem supremacia sobre a saúde: a arte médica não dispõe da saúde, mas cuida de fazê-la nascer; formula, assim, prescrições "com vista à" saúde, mas não "a" saúde. Neste falso pressuposto, poder-se-ia, do mesmo modo, dizer que a política governa os deuses, sob pretexto de que as suas prescrições se aplicam a todos os assuntos da cidade.